성도님, 왜?

성도님, 왜?

박에녹 지음

미래사랑ROSS

추천사

예수를 믿으면서도 이사 때 손 없는 날을 택하고, 결혼할 때 길일을 택하며, 승진이나 당락 여부를 알아보기 위해 점쟁이를 찾는 것은 분명히 우상숭배다. 그런데 우리 주위에서 그런 크리스천들의 이야기를 어렵지 않게 듣는다. 기독교 교육이 잘못되었다는 증거다. 대부분의 신앙 서적은, 물론 은혜가 될 때도 있지만 그렇게 재미가 있지는 않다. 그런데 『성도님, 왜?』 이 책은 재미있고 은혜가 되며, 무엇보다 예수를 믿으면서도 샤머니즘 사고에서 벗어나지 못한 사람들에게 신앙의 길잡이가 되고 또 비록 예수를 믿지 않더라도 샤머니즘에 빠지는 것을 예방할 수 있는 일거삼득의 책이다. 입에서 입으로 홍보가 되어 많은 사람이 읽기를 바란다.

_**최창섭 장로**, 전 MBC 아나운서국장, 『하나님이 이렇게 말씀하셨을까?』 저자

이 책은 박에녹 목사님이 『예수님, 왜?』 이후에 쓰신 영혼을 향한 목자의 외침입니다. 삶으로 몸소 겪으며 상담하고 체험한 후에 느낀 고백입니다. 주님을 믿는다 하지만 우리나라의 역사적 배경으로 인해 유·불교적이고 무속적인 비성경적 위험성을 맑은 영성으로 균형 있게 풀어내고 있어 울림이 긴 책입니다. 우리 영혼이 예수님만 바라고 말씀에 근거해 성경적인 신앙생활을 하는 것이 얼마나 소중한가를 시대를 넘어 이야기해주고 있습니다. 현대를 사는 우리들은 주님을 섬기지만 자신도 모르게 잘못된 이중적 섬김으로 그만큼 더 많은 것을 잃고 사는 것 같습니다. 세상적인 것을 많이 담아도 길이요 진리요 생명 되신 예수님이 없으면 그 인생은 헛된 수고를 하는 것입니다. 성경과 예수님을 바르게 알아야 복된 인생입니다.

박 목사님은 무속인이었다가 목사님이 되신 참 특이한 이력의 귀한 목사님입니다. 그러기에 성도들에게 자신도 모르게 스며든 비성경적 요소들이 누구보다 잘 보였을 것입니다. 박 목사님은 인격자요 참 좋은 균형 잡힌 목회자이십니다. 많은 사람에게 만나게 해주고 싶은 작은 거인입니다. 『성도님, 왜?』는 우리를 십자가 사랑으로 구원해주신 예수님의 마음과 지혜와 진리를 가르쳐주는 보배로운 책입니다. 이 책을 읽는 순간 혼재된 우리의 미신적 신앙이 중심을 잡게 될 것입니다. 또한 예수님의 손을 꼭 잡고 하나님 나라의 소망을 가지고 분별력 있게 달려가는 행복한 자신을 만날 것입니다.

_**이병욱 박사,** 대암클리닉 원장, 『의사 전도왕』 저자

박에녹 목사님을 떠올리면 '한결같음', '따뜻함'이 생각난다. 〈국민일보〉 기자 시절의 첫 만남 이래 만나면 언제나 즐겁다. 박 목사님의 말과 행동에는 묘한 매력과 함께 항상 신뢰가 뒤따른다. 이는 올곧은 신앙과 일상의 삶이 뒷받침되기 때문일 것이다. 교도소 사역, 소년원 사역, 스포츠 사역 등을 쉼 없이 해온 박 목사님은 '신뢰 만점'인 주님의 '종'이다. 한국 크리스천 가운데 기독교, 유교, 불교, 샤머니즘이 혼재된 세계관을 가진 이들이 적지 않다는 얘기는 더 이상 비밀이 아니다. 오랫동안 신앙생활을 했다는 크리스천에게서도 쉽게 발견되는 게 혼합주의적 세계관이다. 언행(言行)은 세계관의 발로다. 박 목사님이 사역 가운데 접한 책 속의 사연들은 우리네 이야기다. 영적·정신적·육적 문제를 올바르게 구분해낼 수 있도록 각각의 처방전을 제시하는 박 목사님의 다가감에서 이 시대 목회자의 참된 자세를 확인한다. 이 때문에 이 책을 잡으면 처음부터 끝까지 시간 가는 줄 모르고 완독하게 된다. 독자들도 100퍼센트 공감하게 될 것이다. 책 제목부터 눈길을 사로잡는 『성도님, 왜?』는 읽고 나서 결코 후회하지 않을 책이다.

_**함태경,** CGNTV 경영본부장, 중화선교회(CCM) 선교사

성경에 보면 구약시대 사람들의 삶에서 볼 때 하나님과의 관계를 가장 긴장시킨 것이 '산당(山堂, The high place)'이었고, 제사장적 삶의 입장에서 볼 때 산당의 철폐 여부는 이스라엘 왕들에 대한 최고의 평가기준이었다. 그 이유는 산당이 우상숭배의 온상이자 발원지이었기 때문이다. 저자는 자신의 경험을 통해 우리 기독교 안에서 여전히 세력을 떨치고 있는 산당들, 예를 들어 정신병과 귀신 들림을 제대로 구분하지 못하는 것, 성경책이나 십자가 목걸이를 부적처럼 지니고 다니는 것, 정신병에 걸렸을 때 비정상적인 안찰이나 민간요법에 의지해 치료하려고 하는 것, 이사할 때 점쟁이나 철학관을 찾아가 이삿날이나 이사 방향을 정하는 것, 교회 터가 좋지 않아 부흥이 안 된다고 걱정하는 것, 크리스천이면서도 자신의 사주팔자가 정해져 있다고 생각하는 것 등 각양각색의 산당들을 폭로하고 있다. 크리스천으로서 산당 문제를 제대로 해결하는 길은 하나님의 말씀과 예배와 기도에 있다는 것을 이 책은 명확히 밝혀준다. 처음 신앙생활을 하시는 분들뿐만 아니라 오랫동안 신앙생활을 해오신 분들도 반드시 읽어보시기를 권한다.

_천종호 장로, 부산지방법원 부장판사, 「천종호 판사의 선, 정의, 법」 저자

이 책에는 무속인이었다가 그리스도의 종으로 삶을 바꾼 박에녹 목사님의 따뜻한 충고가 담겨 있다. 그리스도인의 삶이란 내가 죽고 그리스도가 살아 숨쉬는 것이어야 하는데, 우리 신자들에게서는 여전히 내가 살아 있는 모습을 많이 발견한다. 그래서인지 아직도 한국 교회 안에는 비성경적인 기복적 신앙이 사라질 줄 모르고, 고난이나 고통을 무조건 영적으로 생각하는 경향이 짙다. 성경은 분명히 '새로운 피조물'이라고 선언하지만 기독교인의 삶에는 여전히 썩어져가는 구습과 샤머니즘, 삼류 부족 종교에서나 볼 수 있는 이상한 관습이 남아 있다. 박에녹 목사님은 이러한 한국 기독교인의 고질적 질병을 하나하나 사례를 들어가며 바로잡아준다. 무엇보다 그 사례가 남의 것이 아니라

자신이 직접 만난 사람들의 이야기라는 점에서 이 책은 우리 모두를 위한 책이다. 교도소와 소년원 형제들의 '친구'이자 국가대표 축구선수들의 '형님'인 박 목사님은 이 책을 통해 우리 모두의 '선생'이 되셨다.

_**신상목 기자** <국민일보> 미션영상부장

현대교회는 영적인 혼란으로 인해 매우 힘든 과정에 있습니다. 특히 무속적이며 비성경적인 내용들이 교회와 성도들과 목회자의 생각에도 많이 들어와 있습니다. 원인은 무속에 대한 오해와 무속적인 지식의 부족에서 찾을 수 있습니다. 이때에 이 귀한 책이 출간된다니 얼마나 기쁜지요. 『성도님, 왜?』는 지금 우리 사회에 만연한 무속적인 상황을 이해하게 해주는 책입니다. 지식이 없는 상태에서의 막연한 정보가 아니라 오랫동안 현장에서 경험하고 얻은 내용을 모아놓은 책으로서 목회자들이나 성도들이 막연히 겁을 내거나 당황하지 않도록 만들어져 있습니다. 이제 한국 교회가 막연히 생각하던 것들이 좀 더 구체적으로 정리되었으니 좋은 지침서로 사용되기를 기대해봅니다.

_**박형철 목사**, 한우리교회 담임, 국제강해설교연구원 원장

차례

반갑습니다.

저는 십수 년을 무속과 연관되어 지내다가 주님의 은혜로 귀신을 다 떼어내고 목사가 된 사람입니다. 『예수님, 왜?』라는 책을 통해 저의 사연이 널리 알려진 후, 지금은 전국에서 집회를 인도하며 사역을 감당하고 있습니다.

1992년 5월 6일 신앙생활을 시작한 이후, 저는 의아한 장면을 많이 경험했습니다. 또한 잘 드러나지는 않지만 기독교인들이 유교적·불교적·미신적인 신앙 행태를 보인다는 것을 알게 되었습니다. 아무 거리낌 없이 비성경적으로 생각하고 무속적으로 행동하는 신앙인들도 적잖이 만났습니다.

저는 이를 신앙의 관점에서 정리할 필요가 있다고 생각했습니다. 그래서 그동안 제가 상담해온 많은 분의 실제 사례를 통

해 우리 기독교 안에 스며들어 있는 미신적인 부분들을 무속신
앙과 비교해가며 찾아보았습니다. 이 책 『성도님, 왜?』는 그 노
력의 결과물입니다.

모쪼록 성도님들이 올바른 신앙생활을 하시는 데 이 책이 작
으나마 도움이 되기를 바랍니다.

2020년 10월

박에녹

66

혹시,
동물 좋아하세요?

99

    어느 날 지인이 내게 가정예배를 좀 드려달라고 요청을 해왔다. 그분과 나는 서로 잘 아는 사이고 함께 성경공부도 한 터여서 기꺼이 그렇게 하겠다고 대답했다. 그런데 그분의 댁이 아니라 그분이 아는 집사님 댁으로 가자고 하는 게 아닌가. 그 집사님은 내가 모르는 분이기도 하고, 그분이 섬기는 교회도 있을 텐데 내게 예배를 드려달라고 하니 의아하기도 하고 조심스러웠다. 만약 내가 단독 목회를 하는 입장이라면 부담스러워서 당연히 가지 않겠다고 했을 것이다. 그런데 나는 교도소 사역, 소년원 사역, 축구를 비롯한 스포츠 사역 등 선교사역을 주로 하고 있기에 그렇게 하기로 했다.

성도님, 왜?

지인분은 그 집사님이 어떤 분이냐고 물어도 가보면 안다고만 할 뿐 자세한 답을 하지 않았다. 또 어떤 문제로 가정예배를 드리고 싶어 하느냐고 물어도 가서 보자며 대답을 피했다.

　우리는 분당으로 향했고, 그 집사님이 사는 아파트에 도착했다. 그런데 현관 입구에서부터 거실까지 들어가는 데만도 한참 걸려서 내심 놀랐다. 족히 100평은 넘어 보이는 커다란 집이었다.

　그 댁의 부부는 거실에 앉아 나를 기다리고 있었다. 그런데 이상하게도 그렇게 좋은 집에 사는 안주인 집사님의 얼굴에는 전혀 기쁜 기색이 없었다. 명색이 목사인 내가 갔는데도 벌떡 일어나서 반기기는커녕 창백한 얼굴로 맥없이 소파에 앉아 있었다. 그것도 똑바로 앉지도 못한 채 비스듬히 몸을 기댄 모습이었다.

　그때 집사님의 남편이 먼저 이야기를 꺼냈다.

　"목사님, 제 아내가 혹시 귀신 들린 게 아닌지 좀 봐주세요. 만약 귀신 들렸다면 예배를 드려서 쫓아내주십시오."

　그게 무슨 말이냐고 물었더니, 병원에서는 별 이상이 없다고 하는데 아내가 늘 기운을 못 차리고 몸도 여기저기 아프다고 했다. 그래서 혹시 어떤 영적인 문제가 있는 것은 아닌지, 귀신 문제는 아닌지 확인하고 싶다는 것이었다.

나는 그 집사님을 찬찬히 살펴보았지만 전혀 귀신이 느껴지지 않았다. 그래서 일단 예배를 드리자고 하고는 준비해 간 말씀으로 예배를 드린 뒤 간단한 음료와 다과를 먹으며 교제를 나누었다.

집사님은 그 와중에도 기운이 없어서 자꾸 몸이 늘어졌고, 그럴 때마다 남편이 똑바로 앉으라고 말했다. 집사님은 참 조신해 보였고, 인상도 순수하고 해맑았다. 나는 집사님의 상태를 파악하기 위해 조심스럽게 이런저런 질문을 해보았다.

"혹시 시라든가 책 읽는 거 좋아하세요?"

내 질문에 집사님은 의외의 반응을 보였다. 맥없이 늘어져 있던 분이 갑자기 눈을 반짝이며 똑바로 앉아 대답했다.

"와~ 저, 시 진짜 좋아해요. 고등학교 다닐 때는 문학부 활동도 하고 그랬죠. 아름다운 시를 읽으면 정말 영혼이 맑아지는 것 같아요."

갑자기 생기 도는 얼굴로 밝게 대답하는 모습에 내가 더 놀랄 정도였다.

나는 그때 이유를 알아차렸다. 이 집사님은 귀신 들린 것도 아니고, 영적인 문제가 있는 것도 아니었다. 그저 중년기의 권태와 고민으로 삶의 의욕을 잃은 것뿐이었다.

성도님, 왜?

내가 낫게 해줄 테니 시키는 대로 하겠느냐고 묻자, 부부는 놀란 눈으로 동시에 나를 쳐다보았다.

"혹시 동물 키우는 거 좋아하세요? 강아지든 고양이든⋯⋯."

낫게 해준다고 하고는 느닷없이 동물을 좋아하느냐고 물으니 처음에는 황당한 표정을 짓더니, 이윽고 집사님이 자기는 동물을 정말 좋아하고 강아지도 좋아한다고 대답했다.

나는 집사님에게 기력을 되찾는 처방을 해드렸다.

먼저, 구청이나 동사무소에서 하는 문화센터 프로그램이 많으니 그중 하나를 골라서 해보라고 했다. 서예도 있고, 시문학도 있고, 사물놀이도 있고, 수영이며 탁구도 있으니 마음에 드는 것을 선택하라고 했다. 수강료도 싸고 일주일에 한두 번 가서 배우고 즐기면 된다고. 그러자 집사님은 자기가 정말 좋아하는 시문학 쪽으로 알아보겠다고 했다.

다음으로, 강아지를 기르라는 말에 집사님은 남편의 눈치부터 살폈다. 무뚝뚝한 경상도 남자들 중에는 개를 집 안에서 기르는 것을 싫어하는 사람들이 많다. 집사님의 남편도 예외는 아니어서 털 빠지고 냄새나고 더러울 텐데 어떻게 집 안에서 개를 키우느냐고 난색을 표했다. 그런데 집사님의 표정을 보니 키우고 싶어 하는 게 분명했다.

나는 담대하게 말을 이어갔다.

"아내가 건강해진다는데 개가 문제겠어요? 호랑이라도 키워야죠. 음, 개 중에는 비교적 냄새가 덜 나고 털도 덜 빠지는 푸들, 요크셔테리어, 몰티즈 같은 종류도 있으니 그중에서 고르세요. 그리고 날마다 강아지를 데리고 나가서 햇빛도 쐬어주고 산책도 하고 그러세요."

결국 남편은 강아지를 키우는 데 동의했다.

마지막으로, 집사님에게 한 달에 한 번 이상 친정 식구를 만나러 가라고 말했다. 서울에서 나고 자라지 않아 주변에 친하게 지내는 사람이 별로 없는 집사님이 고향 쪽에 가서 친정 식구도 만나고 친구들도 만나면 스트레스도 풀리고 한결 기분이 나아질 것이었기 때문이다.

집사님의 문제는 이것이었다. 아이들은 이미 다 자라 엄마와 놀아주지도 않고 소통도 잘 안 된다. 사업을 하는 남편은 늘 바쁘게 밖으로 돈다. 집사님은 그 큰 집에서 하루 종일 TV 보는 것 말고는 하는 일도 없이 혼자 지낸다. 그러니 당연히 삶이 지루하고 재미없고 무기력해질 수밖에 없었던 것이다. 내가 그 집사님과 같은 상황이었어도 우울증이든 뭐든 병에 걸렸을 것 같다.

그런데 정말 이해되지 않는 게 신앙인들이고 주변 사람들이다. 사람이 조금만 무기력해지고 아프면 왜 그리 쉽게 영적인 문제다, 귀신의 문제다 하고 단정하는지 모르겠다. 그런 자기 생각을 함부로 말하는 바람에 남의 인생을 망치는 경우가 의외로 많은데 말이다.

이 집사님의 경우도 마찬가지다. 병원에 가서 진료를 받았는데 육체적·물리적으로 큰 문제가 나타나지 않았다면 정신건강의학과에 가서 상담 받고 약물치료만 제대로 했어도 권태기를 곧바로 해결하고 그 문제에서 하루라도 빨리 벗어날 수 있었을 것이다.

감기만 걸려도 귀신 탓, 머리 아파도 귀신 탓, 우울해도 귀신 탓……. 이렇게 모든 것을 영적인 문제로 치부해 철야기도, 새벽기도를 강요하며 안수기도만 하라는 사람들이 내가 보기에는 더 영적 병에 걸린 사람들이다.

교회에서는 영적으로 문제가 있는 사람들, 정신적으로 문제가 있는 사람들에게 기도를 더욱 열심히 해야 한다며 철야기도, 새벽기도를 강요한다. 하지만 그럴수록 철야기도, 새벽기도를 다닐 게 아니라 잠을 푹 자주어야 한다.

멀쩡한 사람도 바빠서 며칠 철야 작업을 하느라 잠을 자지 못하면 머리가 멍해지고 헛것이 보이기 마련이다. 그런데 이렇게 심약한 사람들에게 어찌 그리 힘든 철야기도, 새벽기도를 강요하는가? 잠을 푹 자고 나서 햇살이 너무 따갑지 않은 오전시간에 밖에 나가 산책을 하면 비타민 D도 저절로 생성되고 기분도 상쾌할 테니, 이 얼마나 좋은 일인가.

의사들이 더 잘 알겠지만, 내 생각에는 심약하고 정신적 문제, 영적인 문제가 있는 사람들은 무조건 잘 먹고 잘 자야 한다. 특히 일찍 자고 일찍 일어나는 것이 좋다. 그리고 자기 주변의 좋은 사람들과 대화도 하고 웃고 떠드는 것이 최고의 처방이 되리라 생각한다.

귀신 들린 사람은 혼자 있기를 좋아하고 밤에 잠을 자지 않는다. 우울증에 빠진 사람도 통상 혼자 있으려 하고 밤에는 자기만의 생각에 빠진다. 그래서 밤에는 무조건 자려고 애쓰는 것이 좋다.

어쨌든 이 집사님은 나를 만나고 바로 다음 날 강아지 한 마리를 데려와 씻기고, 털을 빗겨주고, 함께 산책을 다닌다고 했다. 그리고 내가 권해준 방법을 다 지키려고 애쓰며 나날이 건강해지고 있다고 한다. 이런 소식을 들을 때면 정말 가슴 뿌듯하고 보람을 느낀다.

이 사례를 통해 확실히 말해둘 게 있다. 모든 것을 영적인 문제로 치부하지 말라는 것이다. 몸이 아프면 병원에 가고, 마음이 아프면 정신건강의학과에도 가고, 그와 동시에 신앙생활을 잘 지켜나가면 모든 문제가 해결된다. 신앙으로만, 기도로만 모두 고치려고 하는 것은 꽉 막힌 짓이다. 의술 또한 하나님께서 의료인들에게 주신 귀한 달란트라는 것을 잊지 말자.

병원에서는 괜찮다는데
너무 아파요

남서울비전교회 집회에 갔을 때의 일이다. 열심히 말씀을 증거하고 있는데, 맨 앞자리에 앉은 특이한 사람이 자꾸 눈에 들어왔다. 7월이라 한참 더울 때인데, 한 여자가 담요를 몸에 두른 채 예배를 드리고 있었던 것이다.

'에어컨 바람이 싫어서 저러나? 감기몸살이라도 걸린 건가?'

뭔가 이상하다는 생각이 들었지만, 예배 중이니 설교를 멈출 수는 없었다. 나는 말씀을 증거하다가 힐끗 쳐다보고는 못 본 척하려 했지만, 맨 앞자리 중앙에 앉아 있으니 안 보려고 해도 자꾸 눈이 갔다. 궁금하긴 했지만 내가 섬기는 교회도 아니고 그 교회의 목회자도 계신 자리에서 왜 그러느냐고 물어볼 수도

성도님, 왜?

없는 일이었다.

어쨌든 나는 예배를 마치고 강단에서 내려왔다. 예배 후 담임목사님과 다과를 나눈 뒤 돌아가려고 나오는데, 한 젊은 남자가 쫓아와서 상담 좀 할 수 있느냐며 나를 붙잡았다. 고개를 돌려 바라보니 예배 중에 온몸에 담요를 두른 여자 옆에 앉아 있던 남자였다. 그가 아내 일로 상담을 하고 싶다고 해서 우리는 교회 카페로 함께 갔다.

이 부부는 경기도 의정부에 사는데, 내가 남서울비전교회에 온다는 소식을 듣고 찾아왔다고 했다.

"몸이 너무 아픈데 병원에서는 아무 이상이 없대요. 주변에서는 영적인 문제다, 귀신이 들렸다고 말들 하고요. 목사님, 저는 어쩌면 좋을까요?"

그렇게 말하는 아내를 보니 키는 제법 큰데 몸무게가 50킬로그램도 안 되어 보였고, 얼굴에도 병색이 완연했다. 그런데 내가 보기에는 전혀 영적인 문제가 아닌 것 같았다. 마음속으로 하나님께 기도를 하며 보고 또 보아도 그녀에게서는 귀신이 느껴지지 않았다.

사실 내가 예수님도 아니고 의사도 아닌데 단정적으로 말을 하기에는 조심스러운 면이 있다. 하지만 나는 주님의 이름으로 용기를 내서 입을 열었다.

"내가 보기에는 귀신도 없고, 영적인 문제도 전혀 아닙니다. 병원에는 가보셨어요? 정신건강의학과를 찾아가 상담은 해보셨습니까?"

그러자 남편이 대답했다.

"이 병원, 저 병원 수없이 다녀봤지만 아무런 회복의 기미도 안 보입니다. 아내는 이렇게 계속 힘이 없고 자꾸만 아프다는데 말이죠."

나는 남편을 똑바로 바라보며 물었다.

"아내가 정말 건강해지기를 원하십니까?"

"물론이지요."

남편의 대답을 듣고는 다시 물었다.

"그렇다면 제가 처방을 해드릴 테니 시키는 대로 해보시겠습니까?"

"네, 목사님."

나는 부부에게 이런 처방을 내려주었다.

첫째, 남편은 하는 일이 끝나면 최대한 빨리 귀가하세요.

둘째, 아내에게 아기를 인계받아 최소한 하루 1시간 이상 아기를 돌보세요.

셋째, 주 2회 이상 아내와 아기와 함께 산책을 하세요. 20분 이상 해야 하는데, 조건이 있습니다. 기저귀 가방도 남편이 들고, 아기도 남편이 안으세요. 아내는 그저 몸만 가볍게 걸을 수 있게 해주어야 합니다.

넷째, 주일에 교회에서 예배를 드리고 난 뒤 반드시 식사를 하고 귀가하세요. 떡볶이도 좋고, 어묵도 좋고, 짜장면도 좋으니 외식을 하고 집으로 가세요.

다섯째, 아내는 오전 10시쯤 햇살이 따갑지 않을 때 10~20분 정도 밖으로 나가서 햇살을 듬뿍 받으세요.

그렇게 처방해주고 몇 달 뒤 지인을 통해 알아봤더니 그녀가 사슴처럼 뛰어다닌다는 것이었다. 몸에 살도 오르고 기운도 생겨서 이젠 교회에서 봉사도 한다니 얼마나 아름다운 일인가? 그저 하나님 아버지께 영광을 돌릴 일이다.

그녀는 영적인 문제, 귀신의 문제가 아니라 산후우울증으로 무기력한 상태였고, 이런 아내를 남편이 사랑과 배려로 회복시킨 것이다.

이 사례에서도 느낄 수 있는 점은 늘 주변 사람들이 문제라는 것이다. 그 나름대로 교회에서 기도한다는 사람들, 신령하다는 사람들이 책임지지 못할 말을 너무 쉽게 한다.

"영적인 문제예요. 기도하세요."
"신앙생활을 제대로 하지 않아서 귀신이 틈탄 거예요. 축사기도를 하세요."

교회 안에서의 이런 말들은 정말 위험하다. 모든 것을 기도로만 해결하려 하지 말고 아프면 병원에 가서 진찰을 받고 치료하며 기도해야 한다.
신앙생활도 지혜롭게 잘할 수 있기를…….

귀신 들린 게 아니에요

어느 날, 평소 친하게 지내는 목사님에게서 전화가 왔다. 심방을 가야 하는데 같이 가줄 수 있겠느냐는 것이었다.

"나야 영광이지요."

그러고는 심방을 따라나서기로 했다. 약속 장소에 가서 목사님을 만났는데, 영적인 문제가 있는 권사님이 한 분 계시다고 했다. 도대체 영적으로 무슨 문제가 있다는 것인지 몹시 궁금했지만, 일단 봐야 알 것 같아서 더 묻지 않고 따라갔다.

우리는 아주 큰 집에 도착했다. 집이 얼마나 큰지 거실에서 축구를 해도 될 것 같았다. 남편은 잘나가는 의사고 아내는 영화 대사로도 유명한 '이대 나온 여자'이니 최고의 엘리트 부부라

할 만했다.

그런데 집 안 분위기가 왠지 음산했다. 거실에 들어서니 황당한 장면이 눈앞에 펼쳐졌다. 권사님이 기도를 한다고 무릎을 꿇고 앉아 있는데, 그 앞에는 식칼, 망치, 펜치가 놓여 있었던 것이다. 이게 무슨 일이냐고 물었더니, 가족들은 권사님이 기도할 때는 늘 그렇게 한다고 대답했다. 영적 전쟁에서 사탄, 마귀, 귀신을 물리쳐야 하기 때문에 그런 무기가 필요하다는 것이었다.

그 권사님은 기도를 하다가도 귀신이 느껴지면 바로 식칼을 들고 휘두르면서 "사탄아, 물러가라!" 하고 고래고래 소리를 지른다고 했다. 가족들은 너무나 무섭지만 잘못 말렸다가 혹시라도 다칠까 봐 그대로 지켜봐야 했고, 〈전설의 고향〉 납량 특집 같은 무시무시한 분위기가 집 안을 휘감았다.

거실로 들어서는 우리를 쳐다보는 권사님의 눈빛은 풀려 있었고, 왠지 섬뜩했다. 솔직히 무서웠다. 나도 사람인데 식칼을 양손에 들고 있는 사람이 어찌 무섭지 않겠는가?

그 순간, 그 권사님이 나를 바라보며 말했다.

"하나님은 내 영의 아버지…… 저기 저 오빠는 내 영의 오빠……."

나를 그 집에 데려간 목사님이 귀신 들린 거냐고 슬그머니 물

었다. 그런데 내가 보기에는 아무래도 귀신은 아닌 듯했다. 그저 정신병이 있는 사람 같았다. 그런 상황에서는 권사님과 이야기를 나누기가 어려울 듯해 남편과 따로 대화를 했다.

　나는 얼른 정신건강의학과에 가서 진료를 받고 무조건 의사가 하라는 대로 따르라고 말해주었다. 귀신 들린 것이든 정신병이든 일단 주변 사람들이 폭력에 노출되어 위험하니 입원을 하는 게 급하다고 조심스레 권고했다.

다음 날, 그 권사님은 정신병원에 입원했다. 40일 동안 입원하고 퇴원을 잠깐 했다가 상태가 나빠져 다시 입원, 그리고 퇴원했다가 또다시 입원……. 이렇게 40일씩 3번의 입원치료를 받았다. 그러고는 퇴원 후에도 병원의 처방대로 약물치료를 하면서 정기적으로 상담치료도 했다. 다행히 결과가 좋아서 이젠 정상적으로 사회생활을 할 정도가 되었고, 가정생활에도 아무 문제가 없다고 했다.

그 뒤, 교회에서 그 권사님을 우연히 만나 대화를 나누었다.

"권사님, 많이 힘드셨지요? 고생하셨습니다."

"고맙습니다, 목사님."

"그런데 뭐가 그렇게 권사님을 힘들게 해서 정신과 치료까지 받으셔야 했던 겁니까?"

"남편요, 남편 때문에요."

"남편이 왜요?"

"제 남편은 너무나 훌륭하고 좋은 사람이에요. 돈도 잘 벌고, 사회에서 존경도 받고, 술·담배 안 하고, 신앙생활도 잘하고……. 참 반듯한 사람이죠. 그런데 삶 자체가 정해진 규율에 따라야만 하는 스타일이고, 집에서도 너무 강하게 자기주장을 하는 사람이라 제가 너무 힘들었어요. 숨을 못 쉴 정도였죠. 그

성도님, 왜?

런데 지금은 괜찮아요. 제 말도 잘 들어주고 대화도 수월하거든요. 아주 좋은 남편이에요."

주변 사람들은 권사님을 보고 빙의되었다고, 귀신 들렸다고, 영적으로 악한 마귀한테 사로잡혀서 그런 거라고 말했지만 사실은 그렇지 않았다. 권사님의 병은 마음을 다쳐서 생긴 병이었다. 권사님은 회복과 치유가 필요한 사람이었다.

내가 보기에 귀신 들렸다고 하는 사람들이나 스스로 귀신 들렸다고 생각하는 사람들 중 거의 대부분은 정신병이다. 아마도 귀신 들렸다는 사람들 중 80~90퍼센트는 정신과 치료를 받으면 나을 것으로 본다.

이 권사님의 사례에서 알 수 있듯이 영적 전쟁은 그렇게 식칼 들고 망치 들고 하는 게 아니다. 우리가 영적 전쟁에서 승리하려면 하나님의 전신갑주를 입어야만 한다. 진리로 허리띠를 띠고, 의의 흉배를 붙이고, 평안의 복음으로 예비한 신을 신고, 모든 것 위에 믿음의 방패를 가지면 이로써 능히 악한 자의 모든 화진을 소멸하고 구원의 투구와 성령의 검, 곧 하나님의 말씀을 가지면 능히 승리할 수 있다.

다시 말해 말씀으로 무장해야 한다. 예배드리고, 말씀 읽고, 기도함으로써 내가 무장되면 영적 전쟁에서 승리할 수 있다. 많은 사람이 영적 전쟁을 말하면서 정작 예배, 말씀, 기도를 중시하지 않는데 이 세 가지는 승리를 부르는 무기다.

또한 이 세 가지 중 어느 하나에만 치우쳐도 승리할 수가 없다.

예배는 드리지만 성경말씀을 읽지 않으면 어떻게 될까?

말씀은 늘 읽지만 기도를 하지 않으면 어떨까?

말씀을 읽고 기도는 하지만 '하나님은 어디에나 계신다'면서 예배를 빼먹는다면 또 어떨까?

예배드리고, 말씀 읽고, 기도하기를 게을리하지 말아야 한다. 이 세 가지가 균형 있게 이루어지지 않는다면 우리는 절대 귀신을 이길 수 없다.

"나도 예전엔 교회에 다녔는데 귀신 들려서 무당이 되었다"고 하는 사람이 있는데, 이는 어불성설이다. 그는 그냥 나들이 하듯 설렁설렁 교회를 다녔을 것이다. 예수님을 잘 믿기만 하면 있던 귀신도 떠나가고 하나님의 사람이 되기 마련인데, 교회에 다녀도 귀신 들린다는 것은 말도 안 되는 자기합리화다.

영적 전쟁에서 이기고 싶은가?

그렇다면 예배를 잘 드리고, 날마다 말씀을 읽고, 늘 깨어 기도하기 바란다. 말씀이 곧 하나님이시니 무엇보다 항상 말씀을 읽고 기도해서 자기 안을 채워나가자.

66

권사님이 불경을
듣는다고요?

99

　전국에 말씀 증거를 하러 다니다 보니 참 많은 사람을 만나게 된다. 그들 중에는 정말 믿음의 사람도 많지만 엉뚱한 사람들도 적지 않다. 분명 하나님을 붙잡고 사는 것 같은데 세상도 함께 붙잡고 있고, 늘 하나님께 감사하는 것 같은데 어느 순간 불평불만이 터져나오고, 한 입으로 감사도 하고 저주도 하고…….

　내가 아는 권사님 중에도 좀 특이한 분이 있다. 일흔 살의 이 권사님은 늘 기도생활을 한다. 늘 말씀을 읽는다. 하나님이 참 감사하다는 표현도 잘한다. 그런데 일이 조금만 안 풀리고, 자식이 조금만 속을 썩이고, 남편의 잔소리가 심해지면 어느 순간 불만이 솟구쳐 해서는 안 될 말을 쏟아낸다.

"목사님, 하나님이 기도를 듣기는 하시는 거예요? 정말 기도하면 이뤄지나요? 그냥 우리가 마음의 위안을 얻으려고 기도하는 거 아니에요? 인생이란 게 이미 다 결정되어 있어서 기도는 하나마나가 아닌가요? 사주팔자가 다 엉터리는 아니고, 그래도 좀 맞는 게 있더라고요. 그러니까 점쟁이도, 철학관도 먹고사는 거잖아요."

들고 있자니 기가 막힐 노릇이다. 나는 이렇게 대답을 해주었다.

"그럼 성령의 역사는 어떻게 보실 겁니까? 다른 죄는 다 용서받아도 성령훼방죄는 용서받지 못한다고 했는데, 왜 권사님은 입으로 불평불만을 늘어놓으시고 기도의 능력은 부정하십니까? 입으로 그렇게 복을 다 까불어대는데 하나님이 뭐가 예쁘다고 복을 주시겠어요? 내가 하나님이라도 복 주고 싶지 않을 겁니다. 앞으로 불평불만은 입으로 절대 토해내지 마시고 그냥 꾹 삼키세요. 그리고 권사님이 제게 자꾸 불평불만을 이야기하시면 들는 제 영혼의 건강에도 좋지 않습니다. 그러니 이런 얘기 하시려면 앞으로 전화하지 마세요."

내 말이 워낙 단호했던지 권사님은 그 후로는 전화를 해도 말을 조심했다. 또 하나님께 하는 불평도 덜했다. 물론 불평을 아

성도님, 왜?

주 끊은 것은 아니었다.

이 권사님처럼 빈대떡이나 파전 뒤집듯이 신앙생활을 하지 말고 오직 굳건한 믿음으로 말씀을 읽고 기도하면 좋겠다. 옛말에 "아궁이 불을 지피던 부지깽이를 가져다놓고 거기에 3년을 빌면 실수로 부러뜨렸을 때 부지깽이에서 피가 난다"는 말이 있다. 그렇게 하찮은 부지깽이도 공을 들이고 빌면 생명이 생기고 피가 난다는 것인데, 하물며 전지전능하시고 만왕의 왕이신 하나님께 드리는 기도는 어떻겠는가.

나는 기도에 대해 곰곰히 생각해보았다. 우리 성도님들은 기도의 능력에 대해 어떻게 생각할까? 정말 기도를 하면 이루어진다는 확신을 갖고 있을까? 아니면 그냥 습관적으로 기도를 하는 것인가? 목사님들이 하라고 해서? 그냥 시간이 남아서?

철학자요 수학자였던 파스칼은 오랜 방황 끝에 이런 고백을 했다.

"내가 하나님을 찾을 때는 숨어버리시더니,
내가 그 앞에 엎드릴 때 하나님은 나를 품어주셨다."

하나님은 관념적으로 알 수 있는 분이 아니다. 우리가 살면서 갖춰온 이성으로 생각해서 알 수 있는 분도 아니다. 오직 겸손히 엎드려 간구할 때 만나주시는 분이다.

실제로 무당들은 정말 열심히 기도를 한다. 그 엄동설한의 살이 에이는 듯한 추위에도 산에서 찬물로 목욕재개를 하기도 한다. 영하 20도 이하로 기온이 떨어지는 태백산 꼭대기에서 담요 한 장 뒤집어쓰고 5시간, 6시간을 꼼짝 않고 앉아서 기도하기도 한다.

내가 예수님을 믿고 나서 가만히 내 모습을 돌아보니 나는 늘 따뜻한 교회 안에서 기도를 했다. 어쩌다 기도원에 가도 그리 열악하지 않은 곳에서 편안하게 기도를 했다. 그리고 예전처럼 기도를 많이 하지도 않았던 것 같다. 그래서 나는 하나님께 늘 죄송하다. 사탄, 마귀의 세상 속에서 나를 구원해주셨는데 우상숭배를 하는 그들보다 내가 기도를 덜하면 되겠느냐는 생각에 늘 죄송하다. 나는 그런 생각이 들 때마다 마음을 고쳐먹고 정말 열심히 기도하려고 노력한다.

물론 나만의 공간에서 무릎 꿇고 기도하기도 하지만, 나는 눈에 들어오는 것에 대해 거의 기도를 한다. 길을 가다가 다리가 불편한 사람을 만나면 그 즉시 마음속으로 기도를 시작한다.

'저분이 학창시절에 얼마나 축구를 하고 싶었을까요? 하나님

아버지, 다리가 불편한 대신 다른 달란트를 많이 주셔서 행복하게 살 수 있게 복을 내려주시옵소서…….'

집회를 마치고 집으로 돌아가다가 밤늦게 귀가하는 자매를 보면 또 마음속으로 이렇게 기도한다.

'하나님 아버지, 요즘 세상이 많이 흉흉한데, 저 자매님이 안전하게 귀가할 수 있도록 지켜주시옵소서. 이왕이면 다음부터는 조금만 더 긴 치마를 입고 다니게 해주시옵소서.'

나는 이렇게 늘 기도를 붙잡으려고 애쓴다. 그러던 어느 날, 혼자 열심히 기도하고 있는데 전화벨이 울렸다. '누구지?' 하고 전화를 받는데, 또 다른 권사님이 상담을 하고 싶어서 전화를 하셨다고 했다. 연세가 있는 권사님이어서 자녀 문제인가, 아니면 남편 문제인가 했는데 황당한 말을 했다.

어릴 때부터 부모님을 따라서 오랫동안 절에 다녔던 이 권사님은 시집온 후에 교회를 다녀서 권사까지 되었지만 마음속으로는 여전히 불교문화가 익숙하다고 했다. 보통 절은 산속에 있으니 조용하고 차분한 그 분위기가 좋고, 산새들 노랫소리며 시냇물 소리까지 정말 정겹다는 것이다. 그러다 보니 스님의 독경 소리, 절의 향냄새까지 다 너무나 익숙하고 좋았단다.

그래서 이 권사님은 독특한 신앙생활을 하고 있었다. 보통 때도 그렇고 성경말씀을 읽을 때도 스님이 독경하는 테이프를 잔잔히 틀어놓고 향을 피워놓았던 것이다. 그런데 주변에서 그러지 말라고 너무도 만류하는 통에 정말 그러면 안 되는지 확인을 하고 싶어 내게 전화를 했다는 것이다.

"내 마음의 중심에 하나님이 계시면 되지 그게 무슨 상관이에요? 향냄새는 그냥 향수로 생각하면 되고, 독경 소리는 트로트 음악처럼 생각하면 되는 거지."

권사님의 말에 나는 입이 떡 벌어졌다. 사실 그런 문화에 익숙하기로 말하면 나보다 더 익숙한 사람이 있겠는가? 나는 황당하기도 하고 우습기도 했지만 웃을 수도 없고 화를 낼 수도 없었다. 솔직히 말하면 웃음이 나오는 것을 억지로 참았다. 다른 사람들은 어떻게 생각할지, 괜찮다고 생각할지 아니면 하지 말아야 한다고 생각할지 문득 궁금하기도 했다.

나는 부드러운 목소리로 대답했다.

"권사님, 그러시면 안 돼요. 그러시지 마세요. 그렇게 하시면 예수님도 헷갈리시고, 귀신도 헷갈리고, 주변 사람도 헷갈려요. 내용이 어려워서 우리가 다 알지는 못하지만 불경 속에는 불교의 교리가 담겨 있어요. 불교뿐 아니라 다른 종교의 법문들도 그것을 계속 듣다 보면 영적으로 혼란이 오게 되고 성경말씀이

성도님, 왜?

귀에 잘 안 들어오게 됩니다. 그러니 앞으로는 찬송가를 잔잔히 틀어놓고 말씀 읽으시고 기도하세요."

권사님은 그 후 내 말대로 하셨을까?

모쪼록 신앙생활을 해도 내가 편하고 내가 좋아하는 쪽으로만 하지 말고 늘 하나님이 무엇을 기뻐하실지를 생각하는 우리가 되기를 소망한다. 아멘!

귀신을 어떻게
쫓아낼까?

성경을 보면 귀신에 대한 이야기가 나온다. "세상에 귀신이 어디 있느냐"고 의심하는 사람들도 있지만, 성경에 기록된 것처럼 사탄, 마귀, 귀신은 분명 있다.

영적 세계를 실제로 경험한 사람들은 귀신에 대해 잘 알지만 대부분은 피상적으로 알고 있다. 구약시대는 물론 신약시대에도 분명 사탄은 작용했다. 바로왕은 위대한 구속사적 인물인 모세를 죽이려고 유대인 말살정책을 폈고, 예수님께서 태어나시던 때에 헤롯왕은 두 살 이하의 남자아이를 모두 죽이라고 명령했다. 이 또한 사탄의 작용이라 할 수 있다. 그리고 오늘날에도 그 어둠의 세력들은 한 영혼이라도 더 삼키려 애쓰고 있다.

성도님, 왜?

영적으로 아주 강한 사람은 귀신이 감히 건드리지 못하지만, 영적으로 무딘 사람들은 와서 붙어도 전혀 느끼지 못한 채 살아가기도 한다. 또한 말씀으로 무장되지 않아 미혹되거나 귀신에게 사로잡혀서 고생을 하는 사람들도 의외로 많다. 이는 정신병이 아니라 귀신이 작용하는 경우를 말하는 것이다.

현대의학으로는 아무 이상이 없다고 하는데 정작 본인은 늘 아프고, 기운이 없고, 누군가가 와서 속삭이고 환상을 보여주기도 하며, 자기도 모르는 말을 툭툭 내뱉기도 한다. 또 하는 일마다 꼬이고 망하는 경우도 있다. 이런 것을 신병 또는 무병이라고 하는데, 귀신이 올 때의 증상은 제각기 다르다. 그래서 무당을 만신萬神이라고도 한다. 천 가지, 만 가지 방법으로 접근하고 작용한다고 붙인 이름이다.

귀신은 본인에게만 고통을 주는 것이 아니라 가족들에게까지 사고가 나게 하고 사업이 망하게 하는 등 해코지를 한다. 어쨌든 사람의 영혼을 하나 빼앗아 귀신의 세계로 데려가려고 온갖 나쁜 짓을 하는 게 귀신이라는 존재다.

이렇게 귀신에게 사로잡혀 영적으로 문제가 생겼을 때 대응하는 방법은 사람마다 다르다.

일단 처음에는 심각하게 고민을 한다. 이 병원, 저 병원을 찾아다니며 온갖 검사를 받아보고, 기가 약해서 그런 게 아닌가 해서 한약을 지어 먹기도 하고, 정신건강의학과에 가서 상담치료도 받아본다. 그래도 안 되면 목사님과 의논을 해보기도 하고, 그 나름대로 영적이라는 사람들을 찾아가 상담을 하기도 한다. 심지어는 남 몰래 점을 보러 가는 경우도 있다.

성경 본문에도 귀신 들린 사람들이 나온다. 귀신 들린 사람들은 물론이고 가족들까지 얼마나 고민이 많았겠는가.

평생 이대로 살아야 하나? 주변에서는 나를 미쳤다고도 하고, 어떤 사람은 귀신이 들렸다고도 한다. 남들이 뭐라고 하든지 몸과 정신이 이상하니 정상적인 사회생활은 당연히 못할 것이다. 물론 결혼도 하기 힘들 것이다. 이렇게 사람 구실도 못하며 평생을 살다가 죽어야 하는 건가…….

이렇게 온갖 생각이 고개를 들어 깊은 고민에 빠졌을 것이다. 그리고 그 당시에도 오늘날과 같이 이런저런 방법을 찾아보았을 것이다. 신접한 사람도 찾아가보고, 축사를 한다는 사람도 만나고, 술사들도 만나보고……. 그러다가 천신만고 끝에 일단 귀신을 떼어내기도 한다. 하지만 귀신은 그리 호락호락한 존재가 아니다. 일시적으로 떼어낸다 해도 거의 대부분 다시 오게 된다. 고래힘줄보다 질기고 나일론보다 더 질기기 때문이다.

그렇다면 오늘날에는 보통 사람들이 어떻게 귀신을 떼어낼까? 어떤 방법들이 있을까?

사람들이 가장 먼저 떠올리는 방법은 일단 광고 같은 데서 본 축사하는 사람을 찾아가는 것이다. 그렇게 지푸라기라도 잡는 심정으로 찾아간 사람들에게 그들은 거의 다 돈을 요구한다. 그것도 적은 액수가 아니다. 귀신을 완전히 떼어낸다는 보장도 없이 무조건 500만 원, 천만 원을 요구하는 것이다. 그러면 먹고 살기 힘든 형편에서도 어떻게든 귀신을 떼어내고 싶은 마음에 빚을 내서라도 축사를 하게 되어 있다. 하지만 거의 대부분 실패로 끝난다.

간혹 목사님도 성도님들도 모르게 은밀히 무당을 찾아가서 굿을 하는 기독교인도 있다. 귀신만 떼어내면 이후로 다시는 무당을 찾지 않고 오직 예수님만 잘 믿을 것이라고 맹세하며 "이번 딱 한 번만"이라고 스스로 위안을 삼는다. 하지만 천부당만부당한 이야기다.

요즘 시세로 귀신을 떼어내는 굿이나 신굿을 한다며 요구하는 비용은 대략 2천만 원에서 3천만 원 정도다. 하지만 이렇게 돈을 쓰는 일은 말 그대로 헛돈을 쓰는 것이고 헛수고에 불과하다. 귀신들에게 속아 넘어가는 일인 것이다.

예를 들어 거지가 부잣집에 밥을 얻으러 갔는데, 이번 한 번만 주는 것이니 앞으로 다시는 오지 말라고 하면 정말 가지 않을까? 절대로 아니다. 밥을 주게 되면 "저 부잣집에 가니 맛있는 밥을 주더라"는 소문이 나서 주변에 있던 거지들까지 다 몰려가기 마련이다. 마찬가지로 귀신 떼는 굿을 하게 되면 주변 귀신들에게 소문이 퍼져 오히려 더 많은 귀신이 붙게 된다.

어떤 이들은 은사가 있는 사람들을 찾아가기도 한다. 물론 은사를 제대로 가지고 인격적으로 잘하는 사람도 있지만, 대부분은 이상한 방법을 사용한다. 이를테면 안찰기도라는 것이 있다. 이것은 오래전 강원도에 있던 기도원에서 시작된 방법이라는데, 오늘날에도 표 나지 않게 여기저기서 많이 하고 있다.

이 방법은 손바닥으로 성도를 계속 때리며 기도하는 것이다. 함께 모인 사람들이 주변에 둘러앉아 찬송가를 부르고 리더 격인 한 사람은 계속 손바닥으로 때린다. 같은 부위를 계속해서 때리니 시퍼렇게 멍이 들면서 얼마나 아프겠는가? 더욱이 짧은 찬송가도 아니고 5절까지 있는 긴 찬송가를 부르면, 안찰을 받는 사람은 너무나 고통스러워서 "제발 1절만!" 하고 소리치기도 한다.

귀신을 떼어내려고 찾아간 그 사람은 결국 아픔을 견디지 못해 몸부림치게 된다. 그러면 리더는 그것이 귀신이 나가는 과정이라며 주변 사람에게 강제로 붙잡게 하고는 안찰기도를 계속한다. 특히 힘센 장정 서넛이 강제로 붙잡고 계속할 때 사고가많이 난다. 귀신 들린 사람은 심하게 몸부림을 치다가 잘못해서갈비뼈가 부러지기도 하고 팔다리가 탈골되기도 하며, 정신적으로도 큰 두려움에 휩싸인다. 또한 눈에 있는 사탄, 마귀를 빼낸다고 엄지손가락으로 눈을 세게 누르는 방법을 쓰는 바람에각막이 터져서 그만 시력을 잃고 마는 일도 벌어진다.

심지어는 사람을 때려죽이는 일까지 심심찮게 일어난다. 오래전 간암에 걸린 사람을 치유한다며 은사를 가졌다는 사람이손바닥으로 배를 계속 때리는 바람에 내장 출혈로 목숨을 잃은일이 있었다. 사망자의 오빠가 그 은사자를 죽이겠다고 도끼를들고 쫓아갔다는 것이 뉴스가 되었다.

SBS TV 시사 프로그램 〈그것이 알고 싶다〉에서도 기막힌 사건을 방영한 적이 있다. 암에 걸린 환자에게 소금 관장을 한다고 항문을 통해서 소금물을 뱃속으로 넣었는데, 그 부작용으로오히려 더 빨리 사망한 사건이다. 병이 낫기는커녕 오히려 사람을 죽음으로 내몰고 만 것이다.

그런가 하면 커피 관장이라는 것도 있었다. 이 역시 어떤 정신 나간 목사가 한 짓이었다. 내 생각에는 정상적인 목사가 아니라 분명 사이비였을 것이다.

귀신을 떼어내는 것이든 병을 낫게 하는 것이든 이렇게 이상한 방법들은 어쩌다 우연히 효과가 나타날 수도 있겠지만 결국은 아무 의미 없는 짓이다.

성경에는 귀신과 관련해 이런 기록이 있다.

> 더러운 귀신이 사람에게서 나갔을 때에 물 없는 곳으로 다니며 쉬기를 구하되 얻지 못하고 이에 이르되 내가 나온 내 집으로 돌아가리라 하고 가서 보니 그 집이 청소되고 수리되었거늘 이에 가서 저보다 더 악한 귀신 일곱을 데리고 들어가서 거하니 그 사람의 나중 형편이 전보다 더 심하게 되느니라
>
> 누가복음 11장 24~26절

즉, 오히려 원래보다 상태가 더 심각해지는 것이다.

나 역시 귀신에게 사로잡혀 십수 년을 고생하다가 귀신을 떼어내기 위해 처음 교회에 나왔을 때 세례도 받고 신앙생활을 계속하니 처음엔 귀신들이 다 도망가는 것 같았다. 하지만 이내 다시 오는 것을 알게 되었다. 없는 듯하다도 있고, 가는 듯하다

가도 다시 왔다. 정말 미칠 것만 같았다.

나는 근본적으로 해결할 방법을 찾아 수없이 고민했다. 성경에 기록된 대로 한동안은 정말 더 힘들었다. 더욱이 무속을 직접 경험했거나 그쪽에 대해 잘 아시는 목사님이 주변에 없어서 마땅히 도움을 청할 분도 없었고, 물어도 시원하게 대답을 해주는 분이 없었다. 너무나 답답해서 안수기도 한 번만 해달라고 부탁을 드려도 부담스러워하며 해주지 않았다. 안수기도를 해준다고 해서 귀신이 옮아가는 것도 아닌데 말이다.

어느 누구 하나 의지할 수도 도움을 구할 수도 없는 상황에서 나는 몹시 낙담했다. 하지만 낙담만 하고 있을 수는 없었다. 나는 내가 스스로 할 수 있는 방법을 찾아가기 시작했다.

내가 스스로 찾은 방법은 이것이다.

첫째, 예배를 드리는 것이다.

주일예배, 수요예배, 구역예배에 참석해서 무조건 "믿습니다!" 하며 들었다. 믿음은 들음에서 난다고 했으니 예배를 많이 드리기 시작했다. 교회에 가지 않을 때는 인터넷으로 목사님들의 설교를 들었다.

둘째, 말씀을 읽는 것이다.

성경을 처음 읽기 시작할 때는 왜 그리도 어려운지 대학까지 나왔어도 무슨 말인지 이해가 안 되는 내용이 많았다. 산부인과도 아닌데 맨날 누가 누구를 낳고, 또 누가 누구를 낳고 하니 족보책 같은 느낌도 들었다. 그래서 책방에 가서 성경사전을 사고, 쉬운 우리말성경도 사고, 영어성경도 사고, 주석성경도 샀다. 나는 이 책들을 비교하면서 읽기 시작했다.

셋째, 기도하는 것이다.

틈나는 대로 하나님께 도와달라고 매달리는 것이다. 걸어 다니면서도 기도하고, 운전하면서도 기도하고, 급기야는 기도원에도 갔다. 혹시라도 이단, 사이비 기도원을 가면 더 큰일이니 목사님들께 여쭤보고 영적으로 검증된 곳을 찾아갔다.

따지고 보면 아주 간단하고 단순한 방법이지만, 이것이 진리다. 이것이 귀신을 떼어내는 참된 비법이다.

많은 시간이 흐른 뒤, 예배드리고 말씀 읽고 기도하는 것 외에는 귀신을 이길 방법이 없다는 것을 알게 되었다. 내가 바로 그 간단한 방법으로 귀신을 떼어낸 것이다. 당시에는 어느 누구도 나를 도와주지 못했다. 그래서 나는 오직 주님만 붙잡고 이겨냈다. 예수님이 내 안에 채워지면 된다. 말씀이 내 안에 채워지면 해결되는 것이다.

그렇다면 우리 주님은 귀신 들린 자들을 구해내실 때 어떻게 하셨을까? 성경에서 그 내용을 찾아보자.

> 저물매 사람들이 귀신 들린 자를 많이 데리고 예수께 오거늘 예수께서 말씀으로 귀신들을 쫓아 내시고 병든 자를 다 고치시니
>
> 마태복음 8장 16절

예수님은 말씀으로 귀신들을 쫓아내셨다.

> 이에 예수께서 꾸짖으시니 귀신이 나가고 아이가 그 때부터 나으니라
>
> 마태복음 17장 18절

예수님은 꾸짖어서 귀신을 내보내셨다.

> 이는 예수께서 이미 그에게 이르시기를 더러운 귀신아 그 사람에게서 나오라 하셨음이라
>
> 마가복음 5장 8절

예수님은 그저 "나오라!"고 명령하셨다.

> 예수께서 꾸짖어 이르시되 잠잠하고 그 사람에게서 나오라 하시
> 니 귀신이 그 사람을 무리 중에 넘어뜨리고 나오되 그 사람은 상
> 하지 아니한지라
>
> 누가복음 4장 35절

이 말씀에서도 예수님은 귀신을 꾸짖어서 쫓아내셨다.
성경에는 더 놀라운 사실도 기록되어 있다.

> 칠십 인이 기뻐하며 돌아와 이르되 주여 주의 이름이면 귀신들
> 도 우리에게 항복하더이다
>
> 누가복음 10장 17절

오직 주님께서 직접 하실 때만 귀신이 떠나간 것이 아니고, 제자들을 비롯한 다른 사람들이 주의 이름으로 귀신들을 항복시켰다. 이 내용은 마가복음에도 다음과 같이 기록되어 있다.

> 믿는 자들에게는 이런 표적이 따르리니 곧 그들이 내 이름으

로 귀신을 쫓아내며 새 방언을 말하며 뱀을 집어올리며 무슨

독을 마실지라도 해를 받지 아니하며 병든 사람에게 손을 얹

은즉 나으리라 하시더라

마가복음 16장 17~18절

성경말씀에서 찾을 수 있는 공통점은 이것, 말씀으로 행하는 것이다. 주의 이름으로 행하는 것이다. 명하고 꾸짖고 그럴 때 귀신이 떠나가고 병이 낫게 된다.

성경 어디를 봐도 예수님의 이름으로 때리며 귀신을 쫓아내는 방법은 나오지 않는다. 손가락으로 눈을 누르며 병을 낫게 하는 방법도 보이지 않는다.

베드로의 장모를 예수님께서 손바닥으로 때리며 치유하셨는가? 그저 나으라고 말씀하시니 나았다. 말씀으로 낫게 하신 것이다.

이것은 정말 중요한 이야기다. 오늘날 우리가 신앙생활을 하면서 이른바 영적이라는 사람들 또는 가짜 은사자들에게 미혹되지 않는 분명한 기준이기 때문이다.

어이없는 예언자들

"

우리가 신앙생활을 하면서 간간이 만나는 사람들 중에 자칭 신령한 사람들이 있다. 그들은 하나님께 직통계시를 받는다고 주장한다. 그런데 그 직통계시라는 게 참 허무맹랑하다. 진짜 하나님의 뜻을 아는 것이 아니라 그저 자신이 느끼기에 하나님이 기뻐하실 것 같거나 막연히 하나님의 뜻일 것 같은 생각을 함부로 직통계시라고 말하는 것이기 때문이다.

성도들만 그러는 게 아니라 목회자들 중에도 그런 사람들이 있다. 그런데 직통계시를 받았다는 목회자는 성도들보다 더 위험하다. 영권靈權이라는 말로, 목사라는 타이틀로 성도들을 더 강하게 미혹시킬 수 있기 때문이다.

1989년부터 친구로 지내온 사람이 있다. 정말 성실하고 착한 친구다. 그 친구는 어릴 때부터 신문배달, 우유배달을 하면서 어렵게 공부를 마치고 자동차 정비기술을 배워서 1급 정비사가 되었다. 내가 자주 가던 카센터의 사장이었는데, 같은 또래여서 친하게 지내다 보니 정말 친구가 되었다.

그 친구는 아들딸 낳고 잘 살다가 안타깝게 혼자가 되었다. 그래도 열심히 일하면서 신앙생활을 잘하던 중 같은 교회에 다니는 어느 여권사가 각별히 친절을 베풀었다. 처음에는 그저 감사한 마음뿐이었는데, 친절이 과해서 점점 부담스럽게 느껴지기 시작했다. 그런데 알고 보니 그 교회의 담임목사가 여권사에게 내 친구와 결혼하는 것이 하나님의 뜻이라고 했다는 게 아닌가.

그 친구는 이런 상황을 어찌 받아들여야 하느냐고 내게 하소연했고, 나는 이 어이없고 황당한 이야기에 화가 났다.

하나님께서 이 남자, 저 여자의 재혼 중매까지 직접 관여하신다는 말인가?

이제는 하나님께서 결혼상담소까지 차리신 건가?

하나님의 이름을 자기 생각에 마구 갖다 붙이는 그 목사라는 사람은 도대체 어디서, 어떻게 신학 공부를 했단 말인가?

하지만 자칫 잘못 이야기했다가는 친구의 마음에 상처를 줄 수 있겠다는 생각에 화를 누그러뜨리고 조심스레 이것저것 물어보았다.

"그래, 그 여권사님이 마음에 들어? 예쁘고 착해? 잘 맞을 것 같아? 그나저나 이제 환갑, 진갑도 다 지난 마당에 재혼할 마음이 있기는 한가?"

친구는 절대로 다시 결혼할 생각이 없다고 했다. 그 여권사가 특별히 마음에 들지도 않을뿐더러 이미 한 여자로 힘들었던 마당에 또다시 결혼해서 맞춰가며 산다는 것을 상상도 하기 싫다고.

친구를 엉뚱한 고민에 빠뜨린 이런 상황은 도대체 무엇인가?

하나님께서 전혀 마음에도 없는 사람과 강제로 결혼을 시키시는 분이신가?

무슨 이단종교도 아니고, 무작정 결혼하라고 한다고 그대로 한다는 게 가당하기나 한 일인가?

나는 친구에게 이렇게 조언해주었다.

"새도 여러 마리를 키워보면 혈통 이전에 서로 마음에 드는 짝을 찾기 마련이야. 개도 마찬가지여서 주인은 순종끼리 짝짓기를 하고 싶어 하지만 정작 개는 순종, 잡종 이전에 자기가 마음에 드는 개가 있는 법이지. 교회도 마찬가지라네. 담임목사님의 설교나 품행 등 여러 가지가 종합적으로 나와 잘 맞는 것 같은 교회도 있고, 뭔가 불편하게 느껴지는 교회도 있기 마련이지. 그런데 우리는 신앙의 자유가 있고 믿음의 자유도 있는 대한민국에서 살고 있잖나? 지금 당장 교회를 옮길지 말지를 결정하지 말고 신중히 기도해보게. 그리고 나서도 영 마음이 불편하면 섬기는 교회를 옮기는 문제를 진지하게 생각해봐."

그 친구는 끊임없이 대시하는 여권사와 담임목사의 결혼 강요를 부담스러워하며 몇 달을 버티던 끝에 결국 다른 교회로 옮겼다. 그리고 지금은 평안하고 행복하게 하나님을 섬기며 신앙생활을 잘하고 있다.

그렇다. 신앙생활도 때로는 결단이 필요하다. 하지만 그때그때 감정에 휘둘리면 안 되고, 정말 신중하게 기도하면서 하나님의 뜻을 구해서 순종할 때 선한 열매를 맺으리라 믿는다.

예언과 관련된 이야기는 또 있다. 툭하면 일어나는 어이없는 사건들이다. 예언자라는 사람들이 나타나 신령한 이야기로 주변을 발칵 뒤집어놓곤 하는 것이다.

몇 해 전 12월 14일에 우리나라에서 전쟁이 일어난다고 서울역 앞에서 선포했던 여전도사가 있었다. 그 내용이 기사화되면서 유명해진 그 여전도사는 전국의 많은 교회에 초청돼 집회를 했다. 그 결과 여전도사의 말에 미혹돼 필리핀을 비롯한 동남아시아나 멀리 미국, 캐나다로 피신했던 엉터리 목사와 신도들이 꽤 있었다.

하지만 12월 14일에는 전쟁이 일어나지 않았고, 좀 더 기다려보자고 해서 한 달 두 달을 기다려도 아무 일 없었다. 결국 그들은 허무하게 조용히 귀국했다. 하지만 부끄러워서 어떻게 고개를 들고 우리나라에서 살겠는가?

내가 아는 어느 여집사도 캐나다로 3개월간 도망갔다가 돌아왔다. 결과적으로 캐나다 관광을 하며 돈만 왕창 쓰고 돌아온 셈이다. 더 한심한 것은 그 여집사를 추종해서 따라간 사람도 열 명 가까이 된다는 것이다. 그들은 외국에 체류하는 동안 엄청나게 늘어난 경비로 빚만 잔뜩 지게 되었다. 나는 그들을 정신이 번쩍 들도록 야단쳤다. 그렇게 이상하게 예수님을 믿으려거든 앞으로 믿지 말라고 호통을 쳤다.

그런데 그들이 외국으로 도망간 이유가 더 웃기다. 오늘날에는 무기가 발달해서 전투기가 폭격을 하고 미사일이나 대포로 전쟁을 하니 빠르면 일주일, 길어도 3주 안에는 전쟁이 끝난다는 것이다. 그래서 그 위험한 기간만 잘 피해 있으면 살 수 있다

성도님, 왜?

는 것이다. 정말 자기밖에 모르는 이기적인 인간들이다. 설사 전쟁이 실제로 일어난다고 해도 외국으로 도망가는 게 말이 되는가? 어떻게든 내 나라, 내 민족을 지켜야 하지 않겠는가?

십여 년 전, 아이티 지진을 예언했다는 어느 외국인 목사도 우리나라에서 전쟁이 난다고 예언해서 혼란을 빚었던 적이 있다. 그래서 전쟁이 일어났는가? 전쟁이 나면 자기들의 영력이 대단하다고 광고할 것이고, 만약 전쟁이 나지 않으면 회개하며 기도해서 하나님께서 막아주셨다고 할 것이다. 말 그대로 코에 걸면 코걸이, 귀에 걸면 귀걸이인 것이다.

여기서 또 한 가지 배울 것이 있다. 함부로 사람을 믿고 그 사람의 말을 들으면 안 된다는 것이다. 정말 신실하게 예언하는 사람이 어쩌다 있을 수도 있지만, 대부분의 경우 예언한다는 사람들의 말을 믿으면 안 된다. 우리는 사람이 아니라 하나님의 말씀을 믿어야 한다. 성경말씀이 바로 예언이기 때문이다.

구약은 메시아가 오신다는 것을 끊임없이 예언하고 있으며, 신약은 하나님이신 예수님의 활약상과 가르침, 복음을 이야기하면서 요한계시록에서 다시 오실 예수님을 예언한다.

그러니 성경말씀에 집중하고 사람들의 사사로운 해석에는 귀를 기울이지 말아야 한다. 오직 말씀을 믿고 따르며 지켜야 하는 것이다.

이와 더불어 기억해야 할 것이 있다. 담임목사님의 성경 가르침을 잘 따르고 지켜야 한다는 것이다. 자신이 섬기는 교회 밖에서 이런저런 사람들이 떠드는 말에 현혹되지 말고 담임목사님과 공동체의 성도님들과 교제하며 신앙을 잘 지켜나가야 한다. 그러면 흔들림이 없으리라 믿는다.

66

하나님이 그 사람과
결혼하래요

99

우리 기독교인들은 대부분 하나님과 동행하기를 바라고, 하나님이 우리 삶을 주관하시고 인도해주시기를 원한다. 여기까지는 아름다운 이야기다. 신앙인으로서 가질 만한 기대이고, 추구해야 할 삶이기 때문이다.

그런데 여기서 진도가 더 나가면 위험해진다. 하나님께 특별한 영력을 구하게 되기 때문이다. 하나님께 기도할 때마다 친히 답을 주시고, 의사결정도 하나님께서 해주시기를 바란다. 특히 예언의 은사, 투시의 은사처럼 특별한 달란트를 달라고 하나님께 매달린다. 이런 심리상태로 계속 기도하다 보면 정말 하나님께서 친히 자신에게 말씀하시는 것으로 느껴지기 시작한다. 그

리고 거기에서 더 나아가 기도만 하면 뭔가 떠오르고 들리는 것
같은 상태가 된다.

이때 슬슬 문제가 발생하기 시작한다. "하나님께서 말씀하셨
다", "하나님의 음성을 듣는다", "성령님께서 내 귀에 이야기하
신다"면서 뭔가 보이거나 들리는 것처럼 말하게 되기 때문이다.

이와 관련해 내가 실제로 겪은 사례가 있다.

2002년 한일 월드컵에서 우리 축구대표팀이 4강 신화를 쓰
면서 우리 국민은 누구나 할 것 없이 축제 분위기에 휩싸였고,
월드컵이 끝난 뒤에도 그 열기는 좀처럼 가실 줄 몰랐다. 특히
이영표, 송종국, 최태욱, 이민성 등 여러 대표선수들과 교제해
온 나로서는 기쁨이 더했다. 그 때문인지 월드컵이 끝난 뒤에도
전화가 수없이 걸려왔고, 그중에는 특이한 내용도 있었다.

전라도에 사는 어느 자매가 내 전화번호를 어찌 알았는지 전
화를 해서는 다짜고짜 이렇게 말했다.

"목사님, ○○○선수 좀 만나게 해주세요."

무슨 일이냐고 물으니 황당한 대답이 돌아왔다.

"기도 중에 하나님께서 제게 국가대표 ○○○선수와 결혼하
라고 친히 말씀하셨어요. 그러니 ○○○선수를 꼭 만나게 해주

성도님, 왜?

세요, 목사님!"

순간 나는 당황했다. 그 당시 ○○○선수는 조신하고 예쁘고 믿음도 좋은 자매를 만나고 있었다. 그런데 전라도에 산다는 그 자매는 하나님의 뜻이라면서 막무가내로 ○○○선수를 만나야 한다고 매달렸다.

사귀는 자매가 있다고 대놓고 말하면 상처를 줄까 봐 나는 조심스럽게 타일렀다.

"그게 정말 하나님의 뜻이라면 굳이 약속을 잡지 않아도 어디에서든 우연히 만나 결혼하게 될 겁니다. 그러니 그저 기도하며 기다리세요."

얼마 지나지 않아서 그 선수는 사귀던 자매와 결혼했고, 결혼 소식이 보도된 뒤로 전라도 자매에게서는 더 이상 전화가 오지 않았다. 그렇게도 지칠 줄 모르고 전화를 해대더니 결혼 이후 소식이 뚝 끊긴 것이다. 그 뒤, 나도 이런저런 사역으로 바삐 지내다 보니 그 자매를 완전히 잊고 지냈다.

그 자매와의 만남은 몇 년 뒤 광주 안디옥교회에서 이루어졌다. 그때 나는 안디옥교회에서 집회가 있어 내려갔는데, 어느 자매가 아이 하나는 업고 하나는 손을 잡고 와서 반갑게 인사를 하는 게 아닌가.

"누구시지요?"

낯선 사람이 너무 반갑게 인사를 하니 의아해서 물었다. 그랬더니 자신이 바로 월드컵 끝나고 전화했던 그 자매라고 웃으며 말했다. 우리는 전화 통화만 여러 번 했을 뿐 얼굴은 모르는 사이였으니 내가 몰라본 것은 당연했다.

그때 내가 뭐라고 말했어야 하는가? 하나님께서 결혼하라고 했다던 그 선수는 지금 결혼해서 잘 사는데, 그때 들은 하나님의 음성은 무엇이었느냐고 따질 수도 없지 않은가.

나는 반갑게 웃으며 말했다.

성도님, 왜?

"아이고, 아이들이 진짜 예쁘네요. 엄마 닮아서 그런지 똑똑하게도 생겼네. 자매님, 지금 행복하게 잘 살고 있지요?"

그 자매는 고개를 끄덕이고는 살며시 미소를 지었다.

"그래요, 행복하면 됐어요. 앞으로도 하나님 잘 믿으며 행복하게 잘 사세요. 기도하겠습니다."

그 자매와는 그렇게 인사를 나누고 헤어졌다.

다음은 또 다른 사례.

인천 지역에 집회를 간 적이 있는데, 출석 교인도 많고 교회 규모도 꽤 컸다. 무엇보다 담임목사님 부부가 아주 점잖고 좋아 보였다. 말씀 증거를 한 뒤 담임목사님 방에서 다과를 나누는데, 목사님이 자기 딸을 좀 봐달라고 했다. 딸이 좀 이상한 것 같다고, 아무래도 정신병 같은데 딸이 워낙 확신에 차 있으니 귀신 들린 것인지 정신병인지 분별을 해달라는 것이었다.

나는 담임목사님 부부와 함께 딸을 만나보았다. 얌전하게 생긴 데다 피부도 뽀얀 것이 꿈 많은 여고생처럼 앳되어 보였다. 딸은 기도 중에 분명히 환상을 보았으며, 하나님께서 결혼 상대를 말씀해주셨다고 확신했다. TV에 나오는 연예인(가수)과 결혼을 하라고 하나님께서 말씀하셨다는 것이다.

그에 대한 확신이 너무 강해서 대학부, 청년부 중에서 괜찮은 청년들이 사귀자고 해도 "하나님께서 정해준 배필이 있다"면서 스스로 다 거절했다고 한다. 또 선을 보자고 해도 강하게 거부하는 통에 혼기가 꽉 찼는데도 그저 혼자 기도만 하고 있다니 정말 안타까운 일이었다.

나는 단호하게 조언을 해드렸다.

"정신건강의학과에 가서 상담치료를 하지 않으면 점점 상태가 심해질 겁니다. 하루라도 빨리 병원에 가보십시오."

특히 목사님의 딸이 지금 그런 상태라는 것을 누구에게도 말하지 못하고 의논할 상대도 없어 그저 눈물로 기도만 하고 있다는 목사님 부부의 말씀에 안타까움을 느꼈다. 일반적으로 목사님의 자녀가 정신적으로나 영적으로 문제가 있으면 성도들은 담임목사의 영성과 권위를 의심하게 되고, 하나님께서 담임목사님을 사랑하지 않는다고 생각할 수도 있기 때문에 목회에 걸림돌이 된다. 그래서 아무 말도 하지 못하고 그저 눈물만 뚝뚝 흘리는 사모님을 뒤로하고 돌아올 때는 정말 가슴이 아팠다.

첫 번째와 두 번째 사례는 모두 리플리증후군 또는 망상증의 하나일 것이다.

리플리증후군은 어떤 생각이 들면 그것을 진실 또는 현실로 믿게 되는 증세인데, 현실과 욕망의 차이를 거짓말로 극복하면서 그 거짓말을 사실로 믿어버리는 증상을 말한다. 정확한 원인은 밝혀지지 않았으나 허언증과도 관련이 있다고 한다.

망상증은 정신병적 질환으로 분류되는데, 환자의 현실 판단력에 장애가 생겨서 나타나는 질환이다. 망상은 현실에 맞지 않는 잘못된 생각이고, 실제 사실과 다르며, 논리적 설명으로 시정되지 않고, 교육 정도나 문화적 환경에 걸맞지 않은 잘못된 믿음 또는 생각이다. 그러므로 기도 중에 무엇이 느껴지거나 보이면 그것이 현실에 맞지 않는다 해도 하나님께서 직접 주시는 계시라고 믿기 때문에 더욱 확신을 가지게 된다. 당연히 주변 사람들의 조언이나 충고도 듣지 않는다.

첫 번째와 두 번째에 해당하는 경우 하루빨리 정신건강의학과에 가서 진료를 받고 거기에 맞는 약물치료 및 상담치료를 해야 한다. 병원을 늦게 찾을수록 증세는 더 악화되고 더 강력한 치료가 필요하므로 서둘러야 한다.

귀신이 들렸다거나 영적으로 문제가 있다고 내게 상담을 요청하는 많은 사람 가운데 실제로 귀신 들린 사람은 거의 없다. 본인이 스스로 귀신 들렸다고 믿는 사람, 가족이나 주변에서 귀신 들렸다는 말을 듣는 사람들 가운데 70~80퍼센트 이상은 귀신 들린 게 아니라 정신병이다.

그런데 왜 우리나라 신앙인들은 무슨 문제만 있으면 이렇게 귀신의 문제라고 생각할까? 아마도 오래전부터 내려오는 샤머니즘, 토테미즘의 영향 때문이 아닌가 싶다. 또한 이단종교의 영향도 무시하기 어렵다.

그렇다면 예수님을 믿으면서도 왜 이런 영향을 떨쳐내지 못하는 것일까? 말씀을 읽지 않아서다. 말씀에 근거해서 신앙생활을 해야 하는데, 말씀은 읽지 않고 자기 생각에 옳은 대로 판단하고 말을 하기 때문에 이렇게 쉽게 휘둘리고 마는 것이다.

또 하나, 중요한 점이 있다. 정말 중요한 영적 원리, 신앙의 원칙은 귀신을 이야기하지 말고 예수님을 말해야 한다는 것이다. 우리가 세상을 살아가면서 미운 사람, 섭섭한 사람, 원수를 자꾸 생각하면 기분도 나빠지고 영혼이 피폐하게 된다. 그와 반대로 나와 친한 사람, 좋은 사람, 사랑하는 애인을 생각하면 나도 모르게 입가에 미소가 감돌고 평안해지며 기분이 좋아진다. 바로 이것이다.

사탄, 마귀, 귀신을 쫓아내고 떼어낸다면서 자꾸 그 나쁜 세력을 생각하고 축사를 하면 본인의 영혼도 피폐해지고 망가진다. 그러니 그런 것들에 휘둘릴 게 아니라 우리를 영원한 사망, 지옥에서 구해내어 천국 구원을 주신 우리 주님을 자꾸 묵상하고 생각하고 감사 기도를 해야만 한다.

예수님을 생각하며 감사하는 마음을 자꾸 되새기면 굳이 귀신을 떼어내려고 하지 않아도 귀신은 저절로 떠나가기 마련이다. 일단 사탄, 마귀, 귀신의 세계에는 감사가 없다. 불평, 불만, 시기, 질투, 책임 전가, 원망으로 가득한 것이 그 어둠의 세계인 것이다. 그래서 감사하는 마음이 무엇보다 중요하다. 성경구절은 많이 알고 잘 암송하면서도 감사하는 마음이 없다면 그것은 가짜다. "주여, 주여" 하면서도 감사하는 마음이 없다면 그 사람은 진짜 기독교인이라 할 수 없다.

우리가 감사하기 시작하면 사탄, 마귀, 귀신이 떠나간다. 그리고 정신병 걸린 사람도 훨씬 빨리 회복해서 온전히 평안해지고 건강하고 행복하게 살게 된다. 우리 모두가 삶 속에서 늘 감사하며 생활할 수 있기를 간절히 기도한다.

기독교인의 부적?

부적이란 도대체 무엇일까? 무속인들이 쓰는 부적에는 정말 힘과 능력이 있을까? 그렇지 않다. 사람들이 미혹되는 것이다.

무속인들이 사용하고 그들의 추종자들이 주로 찾는 부적에는 사업번창 부적, 승진 부적, 대학합격 부적, 건강 부적, 애인 떼는 부적, 귀신 떼는 부적, 사고방지 부적(액막이 부적), 삼재 부적 등이 있다. 이러한 부적들은 효과가 의심스러운 것은 물론이거니와 더 기가 막힌 것은 부적의 재료다. 부적을 쓰는 재료는 경면주사라고 하는 것인데, 이는 붉고 반투명한 광물로서 수은과 유황의 화합물로 이루어져 있다. 한의학적으로 보면 수은은 음기가 극도로 응축된 물질, 유황은 양기가 극도로 응

성도님, 왜?

축된 물질이어서 두 물질이 합하여 신비로운 음양 변화를 낳는다고 되어 있다.

그런데 경면주사의 가격은 금가루보다 비싸다. 그렇기 때문에 실제로는 이를 사용해서 붓으로 부적을 쓰는 경우는 거의 없다. 누가 금보다 비싼 재료로 부적을 쓰겠는가? 게다가 요즘은 붓으로 부적을 쓸 만큼의 달필도 찾아보기 어렵다.

그래서 그들은 창호지, 화선지 같은 것을 사서 빨간색 그림물감으로 부적을 쓴다. 엄밀히 말하면 쓰는 게 아니라 베끼는 것이다. 불교용품 가게에 가서 부적 책자를 사다가 거기에 있는 것을 그대로 베껴서 그려 넣는 것이다. 그나마 이 방법은 그리는 노력이라도 하니 좀 나은 편이다. 요즘에는 아예 인쇄된 부적을 한 장당 천 원 정도에 사서 쓰기도 한다. 물론 다 그렇지는 않겠지만, 그렇게 허접한 것을 사서 수백만 원에 팔아먹는 것이다.

이보다 더 남는 장사가 어디 있겠는가? 정말 기가 막힐 노릇이다. 평범한 사람들은 말할 것도 없고 이른바 엘리트라는 사람들, 대학 나오고 대기업에 다니는 사람들까지도 그런 부적을 산다. 그러고는 모든 액이 다 막아지고 소원이 이루어지리라 믿으며 소중하게 지갑 속에, 속옷 속에 넣어 가지고 다니는 것이다.

어떤 이들은 굿을 할 때 부적을 불에 태우고는 그 재를 커피에 타서 마시기도 한다. 나도 오래전에 그것을 먹어본 적이 있는데, 그 맛과 느낌이 정말 나빴던 것으로 기억한다. 요즘은 불에 조금 탄 음식을 먹어도 암에 걸린다고들 난리인데 재를 탄 커피를 먹다니, 얼마나 무모하고 한심한 짓인가.

어떤 사람들은 새로 장사를 시작하면 출입문 위에 버젓이 부적을 붙여놓는다. 더 웃기는 점은 가게 주인이 바뀌면 새로운 부적을 붙여야 하는데, 원래 붙어 있던 부적을 떼는 것을 무서워해 그대로 둔다는 것이다. 심지어는 하나님을 믿는 기독교인들 중에도 부적을 떼면 혹시 집안에 좋지 않은 일이 생길까 봐 무서워하는 사람들이 있다. 그래서 어떤 사람들은 고민 끝에 부적을 떼어달라고 내게 부탁하기도 한다. 그런 사람들을 보면 쓴웃음이 난다. 그까짓 인쇄된 종이가 뭐가 무섭다고 그렇게 호들갑을 떤단 말인가.

그런데 종이 부적 외에도 부적처럼 쓰이는 것들이 있다. 마른 북어를 무명실로 감아서 출입문 위에 걸어놓은 것을 본 적이 있을 것이다. 이 역시 나쁜 일은 막고 재수가 있어서 대박 나라는 뜻에서 걸어놓는 것이니 부적과 같은 의미다.

사실 마른 북어한테 무슨 의미가 있겠는가. 북어는 그저 쾅쾅 두드려서 국 끓일 때 쓰는 게 제격이다. 그런데도 이런 것들을 믿는 사람들을 보면 안타깝기 짝이 없다. 절대로 속지 말고 미혹당하지 않았으면 좋겠다.

이제 무당의 부적 이야기는 그만하고 기독교인의 부적을 살펴보자.

평소에는 주일예배도 잘 참석하지 않고 그저 생각이 나면 한두 번 예배에 참석하는 사람들이 있다. 이들은 달랑 주일예배만 드리면서도 신앙생활을 잘하고 있다고 생각하는 유형이다. 그런데 이들이 갑자기 정말 열심히 예배에 참석하는 시기가 있다. 자녀가 대학에 들어갈 때쯤인데, 이즈음에 하는 것이 바로 대학입시 특별 새벽기도회다.

대학입시 특별 새벽기도회…….

물론 하나님의 기적이 임해서 특별전형으로 대학에 들어가는 경우도 간혹 있을 수 있다. 하지만 기본적으로는 자녀의 학교 성적, 실력에 따라 대학에 합격하는 것이 바로 하나님의 공의다. 고3인데 공부는 하지 않고 놀러 다니고, 컴퓨터게임이나 하고, 연애하러 다니고, 잠만 자는데 부모님이 열심히 40일 특별 새벽기도를 한다고 해서 대학에 들어갈 수 있겠는가?

그런데 안타깝게도 한국 교회는 대학입시 특별 새벽기도회를 하고 있다. 부모님의 애틋한 마음과 정성은 충분히 이해하지만, 그 뜻은 분명히 알아야 한다. 어릴 때부터 주일학교에 보내고 신앙으로 잘 가르치고 양육할 때 아이가 서서히 변화되어 공부하게 되고 부모님과 아이 자신이 기뻐할 대학에 들어가는 것이다.

그런데 대학입시 대비 40일 특별 새벽기도를 하다가 진정으로 하나님을 만나고, 이를 계기로 다시 신앙생활을 잘하게 되는 경우도 있다. 목사님들은 바로 이런 목적에서 특별 새벽기도회를 하는 것이다. 하지만 성도들은 이 깊은 뜻을 모른 채 그저 눈앞의 대학입시만 생각하며 새벽기도를 하고는 입시가 끝나면 다시 신앙에서 멀어지는 경우가 많다. 이들에게는 특별 새벽기도가 바로 부적인 것이다.

그런가 하면 헌금을 부적으로 생각하는 경우도 많다. 평소에는 눈치를 봐가며 아주 조금씩 인색하게 주일 연보를 한다. 먹고살기도 어려운데 무슨 감사할 일이 있다고 연보를 하느냐고, 내가 살아야 하나님도 계신 거라고 하면서 말이다.

그러다가 자녀 입시라든가 남편 승진이 연관되고 가족과 친지 중에 환자가 생기면 갑자기 헌금을 많이 한다. 그저 헌금을 많이 하면 하나님께서 기뻐하시리라고 생각하는데, 절대 그렇

성도님, 왜?

지 않다. 하나님께서는 돈이 필요하시지도 않을뿐더러 단순히 돈을 좋아하시는 분도 아니기 때문이다.

분명히 말하는데, 복음은 공짜다. 단, 복음을 전하고, 교도소를 찾아가고, 선교를 할 때 기름값도 들고 차비도 든다. 함께 예배드릴 예배당을 짓는 데도 돈이 들어가고, 또 가난한 이웃을 돌보고 구제사역을 하는 데도 돈이 들어간다. 그래서 헌금을 하는 것이다.

헌금은 평소에는 잘 안 하다가 하나님께 뭔가 바라는 게 있을 때 뇌물을 바치듯 드리는 것이 아니다. 헌금은 단지 돈을 드리는 것이 아니라 마음을, 정성을 드리는 것이다. 부자가 낸 많은 헌금보다 가난한 과부가 헌금한 보잘것없는 돈을 하나님께서 더 기뻐하시는 이유는 바로 그의 마음, 그의 정성을 보시기 때문이다.

국가대표 선수들 이야기를 한번 해보자. 많은 선수가 평소에는 교회에 다니지 않다가 올림픽이나 세계선수권대회 등 큰 경기를 한두 달 앞두고 교회에 나오기 시작한다. 물론 이렇게 교회에 나오기 시작해서 정말 예수님을 영접하고 구원을 받는 좋은 사례도 있지만, 사실은 반대 사례가 더 많다.

평소에는 그냥저냥 느슨하게 신앙생활을 한다. 그러다가 큰 경기를 앞두고는 수요예배, 금요예배, 주일예배를 빠짐없이 드리고 새벽기도회까지 나온다. 그것만으로는 안심이 안 되는지 철야기도를 가서 목이 터져라 "주여"를 찾으며 기도한다.

드디어 결전의 날, 시합을 한다. 어떤 선수는 금메달을 따지만 또 어떤 선수는 아무 메달도 따지 못한다. 그는 평소에 금메달감으로 꼽히고 스스로도 자신 있게 경기에 임하지만, 시합이라는 게 평소와는 달리 긴장되고 또 변수도 작용하기 마련이다. 그래서 평소 실력을 발휘하지 못한 채 메달권 밖으로 밀려나버리기도 한다.

바로 이때 본색이 드러난다.

"하나님이 도대체 어디에 있다는 거야? 내가 그렇게 열심히 기도했는데, 무슨 응답이 있었냐고! 나보다 실력도 부족하고 평소에 나보다 열심히 기도하지 않은 선수가 금메달을 땄는데, 나는 이게 뭐냔 말이야? 기도할 시간에 잠이나 편히 잤으면 오히려 컨디션 관리가 잘돼서 금메달을 땄겠다."

그러면서 주님을 떠나는 이런 신앙을 가리켜 나는 '금메달신앙'이라고 부른다. 금메달을 따기 위해 주님을 부적으로 생각한 것이기 때문이다.

이렇게 교회를 떠난 사람들은 교회를 전혀 다녀본 적 없는 사

성도님, 왜?

람들보다 오히려 전도하기가 더 어려우니 안타까운 일이다. 교회로 처음 인도할 때 성경말씀으로 잘 양육해야만 이런 일이 줄어들 것이다.

　기독교인들이 부적으로 여기는 것들은 의외로 많다.

　자동차 안에 성경책을 챙겨 다니는 사람들이 있는데, 말씀을 읽지도 않으면서 가지고 다니는 이들에게는 성경책이 부적인 셈이다. 먼지가 뽀얗게 앉은 성경책을 닦지도 않고 그냥 차에 싣고 다니는 사람들에게 성경책은 분명 교통사고 방지 부적인 것이다.

　그런가 하면 가위눌림 방지를 위해 성경책을 머리맡에 두고 자는 사람들은 또 어떤가? 하나님의 말씀을 읽고 내 삶에 적용시켜 거룩하게 변화되어야 하는데, 말씀을 읽지도 않으면서 꿈자리가 뒤숭숭하다고 성경책을 머리맡에 둔다거나 가슴에 안고 잔다면 무속인들의 부적과 다를 바 없다. 무속인들도 가위눌릴 때 식칼이나 가위를 머리에서 1미터쯤 떨어진 곳에 놓아두고 자는 방법을 쓰기 때문이다. 그러니 성경책을 머리맡에 두고 잘게 아니라 자기 전에 몇 장이라도 읽으면 가위에 눌리지 않고 편안히 잘 수 있을 것이다.

성경책과 함께 기독교인들의 대표적인 부적 중 하나가 집안에 걸어놓는 십자가나 몸에 하고 다니는 십자가 목걸이다. 어떤 기독교인은 성물을 파는 곳에서 멋지고 폼나는 것으로, 이왕이면 값비싼 것으로 사다가 거실에 걸어놓는다. 또 그것으로는 안심이 되지 않아 여러 개를 사서 방마다 십자가를 걸어놓는 사람들도 있다. 그렇게 하면 집 안에 사탄, 마귀, 귀신이 들어오는 것을 막을 수 있다고 생각하는 것이다.

또 자동차 룸미러에 십자가를 걸어놓는 사람들도 있다. 이것은 마음의 위안을 얻기 위한 것일 뿐 교통사고는 십자가가 막아주는 게 아니라 조심해서 운전을 해야만 피할 수 있다. 어쩌면 룸미러에서 흔들리는 십자가에 신경이 쓰여 사고 가능성이 더 높아질 수도 있다.

금이나 은으로 된 십자가 목걸이 또는 귀걸이를 몸에 하고 다니는 건 또 어떤가? 14K보다는 순금으로 만든 것이 비싸서 더 효력이 있을까? 아니다. 이런 것들은 절대로 하나님의 역할을 하지 못한다. 영화 속 한 장면처럼 십자가를 몸에 지닌다고 해서 피를 빨아 먹는다는 드라큘라가 덤비지 못하는 것도 아니다. 십자가 목걸이나 귀걸이는 그저 예쁘게 치장하기 위한 액세서리일 뿐 신성한 물건이 아니다.

    내가 설교할 때 목에 거는 나무십자가 목걸이도 마찬가지다. 넥타이를 하지 않으니 허전해서 그냥 하는 것일 뿐 나는 거기에 특별한 의미를 부여하지 않는다. 넥타이는 양복 색깔에 맞춰서 해야 하니 여러 개가 필요하다. 나는 어찌 보면 사치라는 생각에 절약 차원에서 그냥 하얀 와이셔츠를 입고 나무십자가 목걸이를 한다. 십자가는 부적이 아닌 것이다.

    사탄, 마귀, 귀신을 물리치려면 일종의 부적 같은 것에 연연하지 말고 말씀으로 무장해야 한다. 기도로 무장되어 있어야 한다. 또한 예배를 열심히 드려야 한다.

    한편, 안수기도를 몹시 사모하는 사람들도 있다. 사실 안수기도란 목사님이 필요하다고 판단할 때 하면 되는 것이다. 그런데 날마다 출근할 때, 퇴근할 때 교회에 들러서 담임목사님께 안수기도를 받아야만 그날의 숙제를 한 것처럼 여기고 안도하며 마음의 평안을 얻는다면, 그 안수기도도 일종의 부적이다. 안수기도를 하루라도 받지 않으면 무슨 사고라도 날까 봐 염려해서 하는 것이기 때문이다.

구약을 읽어보면 "두려워하지 말라"는 말씀이 셀 수도 없이 많이 나온다. 무려 365번이나 나온다고 하는데, 물론 내가 직접 세어보지는 않았다. 어쨌든 이는 1년 내내 두려워하지 말라는 의미도 된다. 또 신약을 읽으면 "평안하라"는 말씀이 참 많이 나온다. 이미 우리는 예수님으로 인하여 구원을 받았고, 예수님이 함께 계시니 평안할 수밖에 없다. 그러니 날마다 안수기도를 받으려 한다면 주님을 확실히 알지 못하는 증거라 할 수 있다.

그런가 하면 "오늘 나에게 주시는 성경말씀"이라면서 성경책을 "짠~" 하고 펴서 한 줄 읽어보는 사람들도 있다. 이 또한 잘못된 신앙생활의 하나다. 성경말씀을 이렇게 뽑기 하듯 봐서는 안 된다. 일부 교회에서 연말에 "새해에 성도에게 주시는 하나님의 말씀"이라면서 성경말씀을 예쁘게 코팅해 하나씩 고르는 행사를 하는데, 이것도 사실 조심스러운 면이 있다.

물론 이것은 성경말씀 가운데 우리가 암송하고 깊이 사모해야 할 은혜로운 말씀을 골라서 좋은 뜻으로 재미를 더해서 하는 행사인데, 이를 잘못 받아들이는 것이 문제다. 이때 뽑은 말씀을 하나님이 새해에 자신에게 주시는 말씀이라 굳게 믿고 일 년 내내 외우고 다니면서 다른 성경말씀은 아예 읽지 않는 사람들도 있다. 또 어떤 사람은 성경말씀을 뽑을 때 살짝 들어서 확인하고 마음에 들지 않으면 다른 것으로 다시 뽑는 해프닝을 연출하기도 한다.

그저 교회의 연말행사 정도로 가볍게 생각해야지 이렇게 의미를 부여하고 그 말씀에만 의존해서는 안 된다. 우리는 날마다 성경말씀을 읽으며 하나님의 뜻을 받아들이고 묵상해야 한다. 이것이 정답이다.

이와 같이 우리 기독교인들에게 남아 있는 잘못된 행위나 생각은 이스라엘 사람들이 블레셋과의 전쟁에서 이기기 위해 법궤를 부적처럼 가져온 것과 조금도 다를 바 없다. 이는 하지 말아야 할 일이다. 법궤는 부적이 아니다. 또한 하나님께서는 부적이 아니시다. 모든 우상숭배, 음란을 비롯한 잘못을 회개하고 진정 하나님께로 돌아올 때 하나님께서 우리와 함께하셔서 승리를 얻게 되는 것이다.

그저 주일에 예배를 드려야 교통사고를 면할 것 같고 힘든 일도 생기지 않을 것 같다면, 그것은 예배를 부적화하는 것이니 올바른 신앙생활이 아니다. 신앙생활은 누가 물었을 때 "나는 하나님을 믿어" 하고 말하는 것만으로 되는 게 아니다. 또한 어렵고 힘든 일이 생겼을 때만 하나님을 찾는 것으로 되는 것도 아니다. 입으로만 "주여, 주여" 한다고 해서 이 험한 세상을 이길 수 있는 것도 아니다.

악의 길에서 돌이켜 의의 길로 행하며 예배드리고, 말씀 읽고, 기도할 때 하나님은 우리와 함께하신다. 신앙생활을 할 때는 항상 비행기를 생각하자. 비행기 몸통이 있고 양쪽 날개가 있듯이 예배와 말씀 읽기와 기도는 신앙생활의 기본 중 기본이다. 이러한 신앙의 기본을 지키며 마음을 다하고, 목숨을 다하고, 뜻을 다하고, 힘을 다하여 하나님을 사랑하고 주님의 심장을 가지고 이웃을 돌보고 사랑할 때, 하나님은 우리와 함께하신다.

거듭 말하는데, 하나님은 절대로 부적이 아니다. 우리가 예배드리고, 말씀 읽고, 기도할 때 그리고 서로 사랑할 때 하나님은 우리와 함께하신다.

이사하면서 뭘 그리
따지세요?

옛날에는 대부분 태어나고 자란 곳에서 평생을 살았다. 그래서 동네 사람들과도 이웃사촌이라는 말에 걸맞게 정말 친밀하게 지냈고, 정이 깊어 이사를 가는 일도 적었다. 그런데 요즘은 다들 이사를 자주 다닌다. 자기 소유의 집이 있는 사람들은 그나마 이사를 덜 다니지만, 전세 또는 월세로 사는 사람들은 경제적인 문제로 이사를 많이 간다. 또 어떤 사람들은 맹모삼천지교孟母三遷之敎의 원리로 좋은 학교, 좋은 학원이 있는 곳으로 이사를 가기도 한다.

이렇게 이사를 가는 사람들이 많다 보니 이사와 관련된 미신들도 생겨났다. 이상한 것은 예수님을 믿는 사람들 가운데서도 그런 미신적인 내용을 따르는 사람들이 제법 있다는 것이다. 평소 믿음이 좋다고 여겨지던 분들이 그러는 것을 보면 정말 의아하고 이해가 되지 않는다.

사람들이 이사할 때 따지는 요소를 보면 이사 날짜, 이사 방향, 집터 등이 있다.

먼저 이사 날짜를 살펴보자.

흔히 손 없는 날에 이사를 가야 탈도 안 생기고 잘산다고들한다. 그런데 사람들은 손이라는 게 무엇인지 알기나 하면서 이런 말을 할까? 여기서 말하는 손은 손재수로 손해 보는 일과 재수가 막히는 것이다.

통상 음력으로 1일과 2일은 동쪽으로 이사를 가면 손 있는날이다. 3일과 4일은 남쪽으로 손재수가 있고 5일과 6일은 서쪽으로, 7일과 8일은 북쪽으로 손이 있는 날이다. 그리고 음력 9일과 10일은 귀신이 눈과 귀를 막고 있어서 손 없는 날이라고한다. 그래서 손 없는 음력 9일과 10일에 이사가 몰리게 되는것이다. 이삿짐센터에서도 이러한 점을 고려해 손 없는 날은 다른 날보다 비용을 더 많이 요구한다.

내 경험상 어느 날에 이사를 가든 아무 피해도 없고 문제도 발생하지 않았다. 그래도 이왕이면 손재수가 없도록 이삿날을 정하고 싶다면 나침반을 가져다놓고 손재수가 없는 날을 받으면 될 게 아닌가? 이사 갈 방향을 살펴보고 그 방향에 손재수가 없는 날에 간다면 선택할 수 있는 날이 얼마나 많은가? 한 달에 24일이나 된다.

미신적인 것을 많이 따지는 사람들은 또 다양한 방법을 쓰기도 한다. 사람에게 가장 중요한 것은 먹고사는 일이기 때문에 이사 갈 때 솥단지만 먼저 들어가도 이사를 다 한 것으로 본다. 그래서 미신을 믿는 사람들은 무속인이 정해준 날과 시간에 가스레인지와 전기밥솥만 이사 갈 집에 먼저 가져다놓는다. 그렇게 하면 남은 이삿짐은 언제 옮기든 상관없다는 것이다. 이 얼마나 웃기는 일인가?

이사 날짜는 직장 상황, 아이들 학교 상황에 맞추고 이삿짐센터 비용이 가장 싼 날을 골라 이사하면 아무 문제가 없다. 그러니 앞으로는 손 없는 날 같은 것은 아예 따지지도 말자.

다음은 이사 방향이다.

서쪽으로 가면 액운이 생기고 사업이 망하니 절대 그쪽으로는 이사를 가지 말라고 하면 그 말에 목숨을 거는 사람들이 있다. 어떤 사람들은 집을 고르다 보니 남향집인데 가격도 적당하고 아이들 학교도 가깝고 역세권인 데다 앞으로 집값이 오를 가능성도 높아 보이는데 방향이 안 맞아서 고민이라고 털어놓기도 한다.

그런데 이 문제를 해결하는 방법은 아주 간단하다. 지금 사는 곳에서 출발해 오른쪽으로 가면 이사 갈 집인데, 그쪽이 나쁜 방향이라면? 간단하다. 왼쪽으로 출발하면 된다. 그렇게 해서 한 바퀴를 돌면 정작 이사할 집으로 갈 때는 다른 쪽으로 진입하게 되니 방향이 달라지는 게 아닌가. 오늘날에는 신호등도 많고 유턴하는 곳은 또 얼마나 많은가? 그러니 1킬로미터쯤 돌아 다른 방향에서 이사할 집으로 들어가면 귀신도 헷갈려서 그 집을 못 찾게 될 것이다. 결국 이사 방향도 전혀 걱정할 게 없다.

다음으로 집터에 대해 이야기해보자.

집터는 상식선에서 생각하면 된다. 습기가 많고 어둡고 경사가 심한 곳이거나 축대 위라든가 장마철에 비가 들이칠 것 같은 곳에 지은 집은 당연히 좋지 않다. 좋은 집터란 가족들이 생활하기에 좋으면 그만이다. 장보러 가기 편하고 교통이 좋으면 되는 것이다.

이전에 무당이 살았던 집이든 불도가 센 사람들이 살았던 집이든 상관없다. 이단종교를 믿는 사람들이 살았던 집이라 해도 괜찮다. 무서워하거나 두려워할 이유는 전혀 없다. 예수님은 왕이시기 때문에 우리가 거기에 들어가 살면서 기도하면 나쁜 세력은 저절로 다 물러가게 되어 있다. 그러니 두려워할 게 뭐란 말인가? 게다가 무당이 살던 집은 통상 가격이 싸게 나오니 오히려 경제적으로 이익인 셈이다.

다시 한번 말한다. 예수님은 왕이시다. 예수님은 하나님이시다. 우리는 만왕의 왕이시고, 우주만물을 주관하시며, 사람의 생사화복을 주관하시는 하나님을 믿는 사람들이다. 그러니 앞으로는 절대 두려워하지 말고 담대히 살아갔으면 좋겠다.

이사를 할 때는 무조건 상식선에서 의사결정을 하라. 그리고 이사 후 그 집에서 예배드리고 기도하면 승리할 수 있으리라 확신한다.

삼재?
신경 쓰지 마세요!

"삼재가 끼어서 굿을 해야 해."

"삼재니까 특별히 조심해."

"삼재라서 부적을 지니고 다녀야 한대."

우리는 주변에서 세 가지 재난, 즉 삼재三災라는 말을 자주 듣는다. 그리고 삼재라는 게 오면 괜스레 의기소침해지고 움츠러들기 마련이다. 삼재라서 사업을 시작해도 안 되고, 삼재라서 휴가철에도 놀러 가면 안 되고, 삼재라서 결혼도 미뤄야 한다. 아무튼 삼재 때문에 하고 싶은 일도 못하고 산다.

하지만 삼재의 의미를 정확히 알면 전혀 신경 쓸 필요가 없다는 것도 알게 된다. 삼재에는 두 가지가 있다. 자연에 적용하는 삼재와 사람에게 적용하는 삼재다.

자연에 드는 삼재란 수재, 화재, 충재를 말한다.

우리나라는 예전에 농경사회였기 때문에 자연의 변화에 신경을 많이 쓸 수밖에 없었다.

비가 많이 와서 홍수가 나면 엄청난 수재이니 신경을 쓰는 것이다.

또 화재는 비가 너무 오지 않아서 가뭄이 드는 것을 말하는데, 논바닥이 거북등처럼 쩍쩍 갈라지고 농작물이 햇볕에 다 타 죽게 되니 어찌 중요하지 않겠는가?

충재라는 것은 메뚜기 등 농작물을 먹어치우는 벌레를 말하는데, 여기에 여러 가지 세균, 바이러스, 곰팡이가 농작물에 피해를 입히는 것도 충재라고 한다. 어느 곳에서는 충재 대신 풍재를 넣어 수재, 화재, 풍재를 삼재로 친다. 풍재는 우리나라에 해마다 찾아오는 태풍, 즉 바람의 피해를 말한다.

오늘날에는 수재를 방지하기 위해 댐을 만들고 강둑을 높이고 보수하는 등 수자원 관리를 철저히 하고 있다. 그래서 예전과는 달리 물난리를 거의 대부분 막아내고 있으며, 가뭄도 과학적으로 잘 대비해 예방하고 있다. 또한 사람의 몸에 최대한 피해가 적은 각종 농약품을 개발해 미리미리 방재를 하고 병충해에 특히 강한 품종을 개발해서 더 많은 수확을 거둬들이고 있으니 충재를 걱정하지 않아도 된다. 그저 조금만 더 신경 쓰면 된다.

사람에게 드는 삼재는 살아가면서 일어날 수 있는 여러 가지 액운을 말하는데, 이 삼재는 3년에 걸쳐 진행된다고 본다. 처음 액운이 드는 해를 들삼재, 그다음 해는 삼재가 버티고 있는 눌삼재(누울 삼재), 마지막은 삼재가 나갈 해라고 해서 날삼재라고 한다. 일반적으로 삼재가 시작되는 첫해에 액운이 들 확률이 가장 높다고 해서 더 조심하고 액운을 막는 비법을 하라고 한다.

여기서 상식적으로 한번 생각해보자.

들삼재, 눌삼재, 날삼재라 해서 3년간 삼재가 각 사람에게 든다는 것인데, 그렇다면 어떤 사람에게 삼재가 들어오는가? 같은 해에 태어난 사람에게는 모두 삼재가 적용된다. 즉, 나이가 같은 사람은 똑같이 삼재가 시작되어 똑같이 삼재가 끝나는 것이다. 그런데 왜 이것을 대단히 조심해야 한다고 하는가?

예를 들어 대학입시를 앞둔 부모가 점을 보러 간다고 하자. 그러면 아들이 삼재가 들어서 특별한 비방을 하지 않으면 대학에 못 간다고 겁을 주어서 비싼 부적을 쓰게 하고 굿을 시키는 경우가 많다. 그렇다면 부적을 쓰지 않은 나머지 아이들은 어떻게 되는가? 나이가 동갑이니 똑같이 고등학교를 졸업하고 똑같이 대학입시를 치르게 되는데, 부적을 한 아이들은 대학에 가고 부적을 하지 않은 대부분의 아이들은 삼재 때문에 대학에 가지 못하는가?

한번 생각해보자.

삼재가 든 동갑 사업가들은 다 망하는가?

동갑들은 다니던 회사도 같이 퇴직하는가?

사고가 나서 죽는 사람은 다 삼재에 속한 동갑내기들인가?

이 간단한 질문만으로도 삼재가 엉터리이고 전혀 신경 쓸 일이 아니라는 것을 알 수 있다.

삼재라는 것은 지지地支(사람의 띠를 말하는 것으로 자축인묘진사오미신유술해이다)에 따라 순차적으로 오는데, 3년에 걸쳐 진행되므로 지구상에 있는 사람들은 모두 똑같이 9년마다 삼재를 다시 맞게 된다. 12지지에서 들삼재, 눌삼재, 날삼재 3년을 빼면 9년이 된다. 그래서 9년마다 정기적으로 삼재가 오게 된다는 말이다.

한마디로 우리는 더 이상 삼재를 신경 쓰지 않아도 된다. 우리는 하나님의 사람인데 무엇을 두려워하겠는가? 그저 상식적으로 살면 된다. 물가에 가서는 꼭 준비운동을 한 뒤 물에 들어가면 되고, 깊은 곳에는 안 들어가면 된다. 또 놀이를 할 때도 가능한 한 덜 위험한 놀이를 하면 된다. 평소에 조심하며 열심히 살면 하나님께서 우리의 길을 예비하시고 인도해주신다. 그러니 아무것도 걱정할 게 없다는 말이다.

돼지머리가 웃어요

고사란 무엇인가? 소원 성취를 바라며 치르는 의식이다. 그렇다면 굿과는 어떤 차이가 있을까? 굿은 통상 4~10명이 어우러져서 장구, 징, 제금, 피리, 해금, 대금 등 악기의 장단에 맞춰 소원 성취를 바라며 치르는 큰 의식이다. 굿이 이렇게 제대로 구색을 맞춰 행하는 의식이라면 고사는 일반적으로 무당 혼자 징을 치고 법문을 읽으며 나쁜 것은 막고 재수만 있기를 비는 미니 굿 형태를 띤다.

간단히 말해서 굿은 정식으로 형식을 갖춰 하는 의식이고, 고사는 돈을 적게 들여서 간단히 하는 의식이다. 사실 이것은 무속계 사람들의 돈벌이와 관련되는 일이기 때문에 가능한 한 굿을 하는 방향으로 유도하는 것이 무속인의 인지상정이다. 하지만 경제적으로 여유가 없거나 간단한 형식을 원할 때는 굿보다는 고사를 많이 한다.

고사에는 여러 종류가 있다.

가정에서 드리는 고사는 추수 후에 한 해를 잘 돌봐준 집안 신들에게 감사의 의미로 한다. 집안을 지켜주는 신들로는 성주신, 부엌에 있는 조왕신, 집터를 장악한 터신, 자손을 점지해주는 삼신이 있고 장독대를 지키는 신도 있다. 가정에서 드리는 고사 외에도 바닷가에서 출어하기 전에 어민들이 하는 배고사, 개업 때 하는 재수축원 고사, 자동차를 새로 장만하고 사고를 막기 위해 하는 고사가 있다. 또 집을 건축하면서 상량식 때 하는 상량식 고사도 있다. 상량식은 목조 건물의 골재가 거의 완성된 단계에서 대들보 위에 대공을 세운 뒤 마룻대를 올리고 상량문을 봉안하는 의식을 말한다.

그런데 고사를 지낼 때 거의 빠지지 않고 쓰는 재료가 하나 있다. 바로 돼지머리다. 고사는 돼지머리를 비롯해 세 가지 나물, 세 가지 과일, 막걸리 또는 청주를 준비해 상을 차리고 축원문을 외운 다음 돈을 바치고 절을 하면 끝난다. 그런데 이때 재미있는 점은 돼지머리를 아무것이나 쓰면 안 되고 반드시 입이

웃는 모양을 한 돼지머리를 써야 한다는 것이다.

즉, 고사에 쓰는 돼지머리는 입이 웃는 것 같은 모양의 돼지머리를 최상품으로 치는데, 사실 그런 돼지머리를 찾기가 쉽지 않다. 돼지가 도살당하며 고통을 겪을 텐데 어떻게 웃으며 죽겠는가? 그래서 웃는 모양의 돼지머리를 찾기가 쉽지 않기 때문에 무당의 제자들이 여기저기 돼지머리를 찾아 헤매는 수고를 할 수밖에 없다. 돼지머리를 판매하는 사람들도 그런 사정을 잘 알아서 요즘에는 돼지머리를 삶을 때 나뭇가지나 틀 같은 것을 끼워서 웃는 형상을 만들기도 한다.

어쨌든 무당은 어렵게 구한 웃는 모양의 돼지머리를 상석에 올려놓고 경건하게 한참 경을 읽고 축원문을 외운다. 그런 다음 물질을 바치는데, 고사를 의뢰한 사람이 첫 번째 순서가 된다. 고사를 의뢰한 사람은 통상 돼지 콧구멍에 수표나 고액권의 화폐를 꽂고 공손하고 예의 바르게 큰절을 하며 소원을 빈다. 다음 순서로 가족과 친지들이 나와 돼지 귓구멍에 돈을 꽂고 입을 벌려서 돈을 꽂은 뒤 열심히 절을 한다.

모든 절차가 끝난 뒤에는 조금 전 열심히 도와달라고 절했던 그 돼지머리를 내려서 바로 칼질을 시작한다. 돼지머리를 부위별로 정성스럽게 잘 잘라서 고사에 참석한 사람들이 함께 나눠 먹고, 막걸리도 한잔하면서 덕담을 나누고는 끝을 맺게 된다.

그런데 그 돼지머리의 입과 콧구멍, 귓구멍에 꽂혔던 돈은 누가 가져갈까? 통상적으로 그 돈은 고사를 주관한 무당이 가져간다. 간혹 고사를 의뢰한 사람이 그 돈을 종잣돈으로 하겠다고 가져가는 경우도 있지만, 그럴 경우 쪼잔해 보일 수 있기 때문에 속마음이야 어떻든 포기하기 마련이다. 지속적으로 기도를 해달라는 의미에서 무당에게 주는 것이 일반적이라고 보면 된다.

자, 이 부분에서 다시 한번 생각해보자.

성도님, 왜?

사업 잘되게 해달라고, 건강하게 해달라고, 재수 있는 일들만 생기게 해달라고 그렇게 신처럼 받들며 절을 해대고는 금세 칼질해서 나누어 먹다니, 뭔가 이상하지 않은가? 물론 나도 아주 오래전에 무속에 심취했을 때는 별생각 없이 고사도 지내고 굿도 했다. 하지만 이제 와서 생각해보니 무슨 장난도 아니고 얼마나 웃기는 일인지…….

신처럼 받들다가 바로 먹어버리는 것이 도무지 이해가 되지 않는다. 그렇게 먹어버리고 말 것을 굳이 어렵게 웃는 돼지머리를 찾아 고생할 필요가 있는가? 사실 웃는 돼지나 웃지 않는 돼지나 맛은 같을 텐데 말이다. 그러니 고사인들 무슨 의미가 있겠는가? 그저 마음의 위로나 얻자고 하는 일이니 그런 고사는 하지 않는 게 맞다.

한편, 자동차를 새로 장만해서 차 고사를 지낸 뒤 막걸리를 자동차 바퀴마다 듬뿍 들이붓는 것은 또 어떤가? 바퀴가 취해서 사고가 더 날 것 같지 않은가? 사고가 나지 않으려면 안전운전, 방어운전을 하고 각별히 조심해야지 바퀴에 막걸리를 붓는다고 사고가 안 나겠는가? 만약 막걸리를 부어 사고를 막을 수 있다고 믿는다면 자동차보험, 운전자보험, 상해보험은 왜 드는가? 음주운전을 절대 하지 않고, 피곤한 상태로 무리하게 운전하지 않는 것. 이것이 최고의 자동차 고사다.

한 가지 더, 고사를 지낸 뒤 통상 갖추게 되는 부적과 북어에 대해서도 생각해보자. 개업고사를 지내고 난 뒤에는 부적을 붙이고 무명실을 칭칭 감은 북어를 천장 구석에 매달아놓는 경우가 많다. 이 또한 무슨 의미가 있겠는가? 부적을 붙여서 장사가 잘된다면 벽과 천장을 온통 부적으로 도배하면 될 일이다.

제품이 좋고, 음식이 맛있고, 일하는 사람들이 친절하고 좋아야 사업과 장사가 잘된다는 것은 상식이다. 고사 지내고, 부적 챙기고, 북어를 매다는 데 들이는 정성과 물질을 사업에 투자하면 당연히 성공 가능성이 더 높아지지 않겠는가.

우리는 그저 하나님을 잠잠히 바라보며 기도하고 성경에 기록된 대로 살기를 힘써야 한다. 그러면 모든 것이 주님 안에서 형통할 것이다.

성도님, 왜?

기독교인에게
딱 맞는 궁합

우리가 신앙생활을 하다 보면 믿음이 아주 좋아 보이는 분들이 있다. 특히 권사님들 중에는 늘 새벽기도를 드리고, 봉사도 열심히 하고, 주변 사람들을 잘 챙기는 등 누가 봐도 하나님의 사람이라는 생각이 드는 분들이 많다. 이런 분들을 보면 나도 덩달아 기분이 좋아지고 기쁨이 솟아난다.

그런데 평소에는 이렇게 신앙생활을 잘하던 분들이 자녀를 결혼시킬 때가 되면 초신자보다 못한 사람들이 되니 참 안타깝다. 그 좋던 신앙은 어디로 갔는지 철학관을 찾아가 자녀의 사주팔자를 보고 결혼할 사람과의 속궁합까지 보러 다니는 것이다. 그러면서 사주팔자는 학문이고 통계이니 우상숭배가 아니라고 강변하는 것을 보면 안타까움을 넘어 실망스럽기까지 하다.

도대체 사주, 팔자가 뭐길래 이런 일이 벌어지는 걸까?

사람을 하나의 집으로 비유하고 생년, 생월, 생일, 생시를 그 집의 네 기둥이라고 보아 붙인 명칭이 바로 사주四柱다. 또한 연월일시의 간지 두 글자씩을 모으면 여덟 자가 되므로 팔자八字라고 한다. 이것을 합해서 간단히 사주팔자라 하는 것이다. 즉, 사주팔자를 본다는 것은 어떤 사람의 사주팔자를 분석해 그가 평생 어떻게 살아갈지 알 수 있다고 믿는다는 의미다.

사주는 간지로 나타내는데, '간干'은 10가지이므로 '십간'이라 하고, 사주의 위 글자에 쓰이므로 천간天干이라고도 한다. '지支'는 12가지므로 '십이지' 또는 사주의 아래 글자에 쓰이므로 지지地支라고도 한다. 천간은 갑甲·을乙·병丙·정丁·무戊·기己·경庚·신辛·임壬·계癸 10가지이고, 지지는 자子·축丑·인寅·묘卯·진辰·사巳·오午·미未·신申·유酉·술戌·해亥 12가지다.

천간과 지지는 모두 음양陰陽과 오행五行, 방위와 계절 등을 나타낸다. 지지는 이 밖에도 동물띠, 달月, 시각 등을 나타낸다. 천간과 지지가 처음 만나는 갑자부터 마지막인 계해까지 순열 조합하면 육십갑자六十甲子가 되는데, 사주는 이 육갑六甲으로 표현된다. 즉, 한 바퀴를 완전히 도는 데 60년이 걸리므로 사람이 만 60세가 되면 환갑을 맞아 잔치도 한다.

사주로는 성격이나 적성 등 인성人性에 관한 사항, 부모·형제·부부·자녀 등 대인對人에 관한 사항, 관운·재운·학운 등 운수 및 재수에 관한 사항 외에도 건강, 상벌, 재앙 등을 알아볼 수 있다. 사람들은 이렇게 분석한 사주팔자를 보고 운명과 길흉화복을 바꾸려고 처방을 하기도 한다. 이를테면 태어난 사주에서 부족한 부분을 메우려고 좋은 이름을 짓는다거나 그 사람에게 맞는 방향, 색깔 등을 지정하기도 하고, 어떤 사람을 만나야 궁합이 맞아서 잘 살 수 있는지 등을 분석해 그 사람의 운세를 좋게 변화시킬 수 있다고 보는 것이다. 하지만 이런 것들이 얼마나 과학적이고 또 효과가 있겠는가?

사주는 균형과 조화의 원리로 인간사를 풀어보는 것이지만, 이를 풀이하는 사람의 능력 또는 방법에 따라 완전히 다르게 분석되기도 할뿐더러 이를 맹신할 경우 자칫 숙명론에 빠지게 되는 폐단이 있다. 이와 관련해 재미있는 이야기가 있다.

어느 부부가 유명한 성명철학자에게 비싼 값에 아이의 이름을 지었다고 한다. 부부는 이름을 잘 지었으니 아이가 건강하게 잘 자랄 것으로 믿었다. 그런데 기대와는 달리 아이는 허약하고 늘 아파서 병원 문턱이 닳을 정도로 드나들었다.

그래서 아이가 열 살 무렵 이름을 지었던 철학관을 다시 찾아 갔는데, 대뜸 이렇게 말하는 게 아닌가.

"이름을 잘못 지어서 그래. 도대체 이름을 어디서 지은 거야? 돈 아끼려고 아무 데서나 이름을 막 지으니 아이가 늘 아플 수밖에 없지."

부부는 기가 막혀서 이렇게 반문했다.

"예전에 선생님이 지어주신 이름이잖아요?"

그러자 아무 말도 못하더란다.

사실 유명한 작명소가 다 무슨 소용인가. 이름이란 그저 부르기 편하고, 아버지나 할아버지 등 집안 어른이 사랑하는 마음을 담아 지어주는 게 제일이다.

사주팔자에 대해 간단히 설명한다고 하긴 했는데, 아마 사주팔자를 공부해보지 않은 사람들은 도대체 무슨 말인가 싶을 것이다. 그래서 실제 예를 들어 쉽게 설명해보려 한다.

앞에서 사주가 집의 네 기둥이라 했다. 그렇다면 어떤 사주가 아주 큰 사주이고 좋은 사주라고 분석되는지 예를 들어 한번 살펴보자.

성도님, 왜?

실제 집을 생각하면 큰 사주는 큰 집에서 살게 될 팔자라고들 한다. 그런데 요즘 집값은 지역에 따라 천차만별이다. 같은 돈으로 집을 산다고 해도 지방 소도시에 있는 집과 서울 강남 한복판에 있는 집의 크기는 비교가 안 될 정도로 차이가 난다. 즉, 지방에서는 앞마당, 뒷마당도 있는 큰 집을 살 수 있지만, 서울 강남에서는 기껏해야 아주 작은 집을 살 수 있다. 큰 사주인데 서울의 작은 집에 산다면 사주가 맞는다고 할 수 있는가?

외딴 섬에서 아주 큰 집을 짓고 살지만 그 안에 채워진 살림살이는 형편없이 낡고 싸구려인 사람과 서울의 작은 집에 살면서 금고 안에 땅문서, 금괴, 주식, 적금통장을 잔뜩 채워놓고 인테리어를 멋지게 하고 사는 사람이 있다면 누가 더 큰 사주인가? 사주팔자로 분석하면 섬에서라도 큰 집에 사는 것이 크고 좋은 사주다. 이렇게 되면 분석 자체를 인정할 수 없게 되는 것이다.

또 다른 예를 들어보자.

사주팔자를 보는 방법은 수천 년 전에 만들어졌기 때문에 오늘날의 문명과 비교해보면 도무지 맞지 않는다. 여기 같은 시간에 태어난 사람이 있다고 할 때, 한국과 미국의 시간이 다른데 어디를 기준으로 사주를 보는 게 맞을까? 동양인과 서양인의 사주를 풀이하는 방법의 차이에 대한 정확한 법칙이 있는가?

1988년 우리나라에서 서울올림픽을 할 때 서머타임제를 적용해 여름 시간을 한 시간 앞당긴 적이 있었다. 하지만 지금은 서머타임제라는 것 자체가 없다. 그렇다면 1988년에 태어난 사람은 서머타임을 적용해서 사주를 보아야 할까, 아니면 서머타임이 없는 현재 시간을 기준으로 사주를 보아야 할까?

또한 사주팔자는 두 시간 간격으로 동일한 사주로 판단해서 분석한다. 그렇다면 쌍둥이는 평생 똑같은 직업을 가지고 똑같이 살다가 똑같은 시간에 죽게 되는가? 어느 통계를 보니 요즘 1초에 3명 이상이 태어난다고 한다. 그렇다면 2시간 동안 태어나는 아이의 숫자는 21,600명인데, 같은 사주이니 이들의 운명도 모두 같다는 말인가?

멀리 볼 것도 없고 내 조카들만 봐도 사주팔자가 맞지 않는다는 것을 알 수 있다. 두 아이는 이란성쌍둥이로 사주팔자가 똑같으니 인생의 행로가 같아야 할 텐데 실상은 전혀 다르다. 현재 하나는 의사가 되었고, 다른 하나는 목사 안수를 받고 사역하고 있으니 말이다.

다음에는 사주팔자로 풀어보는 속궁합 이야기를 해보자.

크리스천이면서 결혼 전에 속궁합을 봐야 한다고 생각하는 사람들이 의외로 많다. 하지만 살아보지도 않고 어떻게 사주팔자로 풀어서 속궁합을 판단한단 말인가? 속궁합이 잘 맞는다고 확신하고 결혼해도 살다가 싸우고 헤어져 남이 되는 경우는 또 얼마나 많은가?

수많은 사람의 만남과 교제, 결혼 그리고 살아가는 모습을 살펴보면서 내가 찾아낸 정확하게 궁합 보는 방법이 있다. 사실 너무나 간단한 진리다.

첫째, 둘 다 예수님을 믿는다.
둘째, 둘 다 건강하다.
셋째, 둘의 성격이 서로 잘 맞는다.
넷째, 둘의 취미가 비슷하다.

이렇게 네 가지가 맞는다면 내가 볼 때는 그야말로 최고의 궁합이다.

사주팔자를 간단히 분석해본 결과 우리가 꼭 알아야 할 진리가 있다. 사주팔자, 궁합을 믿으면 안 된다는 것이다. 성공할 팔자, 부자가 될 팔자, 큰 관직에 앉을 좋은 사주팔자로 태어났다고 믿고 노력을 하지 않으면 오히려 인생이 엉망이 될 게 확실하다. 반대로 사주가 나쁘다고 해서 어차피 망가진 인생이라 좌절하고 노력하지 않으면 이 또한 엉망이 된다. 결론적으로, 우리 각자는 하나님이 선택해주신 귀한 인생이므로 스스로를 귀하게 여기고 노력하면 누구나 행복하게 살 수 있다.

그런가 하면 사주팔자를 믿듯 교회에서도 잘못 믿고 행하는 것들이 있다. 바로 기도의 능력이다. 이는 교회 지도자들이 잘못 가르쳐서 생기는 문제이기도 하다. 물론 기도는 힘이 있고 능력이 있다. 이것은 분명한 사실이지만, 기도만 가지고는 안 된다는 것 또한 사실이다.

예를 들어 남편과의 관계가 좋아지게 해달라고 매일 철야기도를 하느라 집에 들어가지 않는다면 어떻게 관계가 좋아지겠는가? 철야기도를 하고 들어가서는 피곤하다고 집안 살림을 엉망으로 내버려두고 아이들도 제대로 챙기지 않는다면 어떻게 될까? 하나님께서 복을 주시는 게 아니라 그 가정은 파탄에 이르고 말 것이다. 그래서 나는 여자 성도들이 매일 철야기도를 한다고 하면 결사적으로 반대한다. 특별한 기도 제목이 있을 때 기간을 정해놓고 철야기도를 하는 것은 인정하지만, 기본적으로는 집에 충실할 것을 강조하곤 한다.

여자들만 그런 게 아니라 남자들 중에도 의외로 이상한 신앙

행태를 보이는 사람들이 있다. 이들은 기도만 열심히 하면 사업이 잘되고 큰 성공을 거둘 수 있으리라 믿으며 툭하면 철야기도를 하고 매일 새벽기도를 한다. 그래서 잠이 부족해 늘 기운이 없고 다 죽어가는 사람처럼 늘어진 모습을 보이는데, 이 역시 잘못이다. 건강하게 체력을 유지해야 항상 밝은 미소로 사람을 대할 수 있고, 열심히 일해야 영업도 잘되고 성공하는 것이다. 그저 기도에만 매달린다고 성공하는 것은 아니라는 말이다.

　모든 일에는 균형, 중용이 필요하다. 예배드리기, 말씀 읽기, 기도하기의 균형을 이루어 신앙생활을 하면서 성경에 기록된 대로 지켜 행하려 애쓸 때 성공하는 것이다. 기도만 한다고 성공할 것 같으면 나는 서울 한복판에 큰 빌딩을 몇 채는 샀을 것이다. 또한 무조건 헌금을 많이 한다고 하나님께서 30배, 60배, 100배로 갚아주신다면 나는 대출을 받고 사채를 빌려서라도 무조건 헌금을 했을 것이다.

　잘못된 사주팔자에 인생을 걸지 말자.
　잘못된 개념으로 신앙생활을 하지 말자.
　그렇게 하나님께서 기뻐하시는 예수님의 제자로 거듭나기를 간곡히 부탁한다.

무당이 무서워하는 것은?

얼마 전 어느 자매에게서 급하게 상담 요청이 왔다. 지난 6년 동안 무당한테 끌려다니며 갖은 고생을 했는데, 이제는 정말 벗어나고 싶으니 도와달라는 것이었다.

이야기를 들어보니 정말 나쁜 무당을 만난 게 틀림없었다. 처음에는 신기가 있어 무당을 해야 할 팔자라고 하면서 신굿을 시켰다고 한다. 그러더니 성주풀이굿을 하라고 하고, 어머니 건강을 위해 굿을 하라고 하는 등 온갖 이유를 들어 굿을 시킨 뒤 돈을 착취했다. 나중에는 돈이 없어서 굿을 할 수 없다고 했더니 "일단 굿을 해줄 테니 나중에 월급을 받아 갚으라"고 했단다. 정말 나쁜 무당이다.

사실 귀신을 섬기는 무당이라 해도 모두 인품이 나쁜 것은 아니다. 그 가운데는 인간적으로 정도 참 많고 좋은 사람도 있는데, 그 자매의 경우는 정말 나쁜 무당을 만난 것이다.

그 자매는 나쁜 무당에게 6년 동안 1억 이상의 돈을 뜯겼다. 게다가 시집을 가면 남편을 잡아먹을 팔자라고 협박하는 바람에 통 남자를 만나지 못해 서른여덟 살이 되도록 한 번도 남자를 사귀어보지 못했다고 한다. 그런데도 자꾸만 돈을 가져오라고 해서 깊은 고민에 빠져 있던 중 우연히 내가 설교하는 동영상을 보고 연락하게 된 것이다.

자매의 사연을 들으니 나도 너무 화가 났다. 그래서 앞으로는 절대로 돈을 주지 말고 만나지도 말라고 하면서 이렇게 말해주었다.

"전화를 하거나 문자메시지를 보내거나 또 찾아와서 욕을 하고 겁을 주거든 무조건 경찰에 협박으로 신고하세요."

그러고는 아예 이렇게 못을 박으라고 했다.

"나는 이제 하나님을 믿을 테니 무당 아줌마와는 길이 다르다, 그러니 앞으로는 서로 연락을 끊고 살자고 단호하게 말해야 합니다."

자매는 그렇게 하겠다고 약속은 했지만, 무당이 계속 찾아오거나 자신에게서 떨어지지 않을까 봐 두려워하는 것 같았다. 그래서 무당이 싫어하고 무서워하는 것만 알면 절대 가까이 오지 못한다고 하고는 그 비법을 가르쳐주었다.

그렇다면 무당이 가장 싫어하고 무서워하는 것은 무엇일까?

첫째, 상문살을 무서워한다.

상갓집에 가면 부정이 타서 말문이 막히는 바람에 점을 볼 수 없게 되는 경우가 많다. 심지어 무당 중에는 자기 부모님이 돌아가셔도 상문살이 무서워서 마지막 가시는 길을 배웅하지 못하는 사람도 있다. 이렇게 귀신을 섬기는 사람들은 상문살을 가장 무서워한다.

나는 그 자매에게 그동안 무당에게 끌려다니느라 인연을 이어가지 못했던 친인척, 지인들의 경조사에 모두 참석하라고 조언했다. 그리고 교회의 장례위원회에 들어가 봉사활동을 하라고 일러주었다. 또한 주변에서 상이 나지 않거든 일주일에 한 번씩 병원 장례식장에 들러 구경하듯 휘 둘러보고 오라고 구체적인 방법을 알려주었다. 그렇게 하면 상문살이 무서워 무당이 가까이 올 수 없기 때문이다.

둘째, 피부정을 무서워한다.

즉, 무당은 피를 무서워한다. 그래서 병문안도 다니고, 아는 사람이 아기를 낳으면 산부인과에 축하하러 가고, 산후조리원에도 가고, 집에서 선짓국도 끓여 먹으라고 자매에게 처방을 해주었다.

셋째, 개부정을 무서워한다.

물론 나는 강아지를 키우고 있어서 우리 강아지 보기 미안해서라도 개고기를 먹지 않는다. 어쨌든 무당, 보살들은 일반적으로 개부정을 무서워한다. 마침 그 자매의 아버지가 보신탕을 좋아하신다고 해서 아버지가 드실 때 그냥 한 숟가락이라도 얻어먹으면 된다고 알려주었다.

일단 이 몇 가지 방법만 해도 무당은 가까이 오지 않는다. 재수 막히고 부정 탄다고 해서 절대로 오지 않게 되어 있다. 그런데 이 방법들을 알려주니 자매는 또 다른 걱정을 털어놓았다.

"목사님, 그 무당 아줌마가 저희 식구의 생년월일과 태어난 시간까지 모두 다 알고 있어요. 혹시 그걸로 비방을 하면 어떡하죠?"

하기는 〈전설의 고향〉을 비롯한 옛날 드라마를 보면 인형에 원수 이름을 붙여놓고는 바늘이나 송곳으로 찌르는 장면들이 자주 나온다. 그러면 비방의 대상이 되는 사람이 고통을 느끼거나 시름시름 앓다가 죽는 그런 이야기들 말이다.

나는 아무 걱정 하지 말라고 했다. 그런 잡다한 비방, 저주는 우리가 예수님을 믿기만 하면 아무 힘도 발휘할 수 없기 때문이다.

예수님은 왕이시다. 그 어떤 사탄, 마귀, 귀신의 권세도 다 이기시는 왕이신 것이다. 내가 처음 교회에 나올 때도 수많은 무당이 나에게 죽게 된다, 사고가 난다면서 듣기 거북한 악담을 퍼부었다. 하지만 나는 지금 이렇게 건강하게 잘 살고 있다.

더욱이 저주라는 것은 내가 받아들이지 않으면 내 것이 안 된다. 누가 선물을 줄 때 내가 받으면 내 것이지만 받지 않으면 내 것이 아니듯 저주, 악담은 무시하고 신경을 쓰지 않으면 나와는 아무 관계가 없다. 어린아이들이 장난치는 장면을 한번 떠올려 보라. 누가 "바보~" 하고 놀리면 그 말을 들은 아이는 즉각 이렇게 외친다. "반사~"

이와 마찬가지로 사탄, 마귀, 귀신을 섬기는 사람이 우리를 저주할 때는 이렇게 하면 끝난다.

"예수 이름으로 반사!"

지금 그 자매는 어찌 되었을까?

성도님, 왜?

귀신을 떼어내고, 무당 아줌마를 정리하고, 온 식구가 교회에 나가며 행복하게 살고 있다. 나와 상담을 한 뒤 즉시 교회에 다니면서 내가 일러준 대로 잘 따라서 얻은 행복이다. 나는 이럴 때 상담해준 보람을 마음껏 느낀다.

하지만 그 반대의 경우도 있다. 실컷 상담을 해놓고는 자기 마음대로 하는 것이다. 하루에 5분이라도 말씀을 읽으라고 하면 일이 많아 피곤해서 읽지 못하고 있다고 하고, 교회에 등록하고 출석하라고 하면 "천천히 나갈게요" 한다.

또 은사자들을 찾아다니지 말고 예배와 말씀, 기도에 집중하라고 해도 혹시 한 방에 귀신을 쫓아내줄 능력 있는 목사나 사역자, 은사자가 없나 하고 여기저기 기웃거린다. 감기에 걸렸을 때 감기약을 한 번 먹는다고 금방 낫는가? 그 하찮은 감기도 최소한 몇 번은 약을 먹어야 효과가 나타나기 마련이다. 그런데 영적인 문제를 단 한 번에 끝내겠다고 쫓아다닌다는 게 말이 되는가?

이런 사람은 평생 귀신을 떼어내지 못한다. 한 방에 떼어내도 다시 오는데 무슨 소용이 있겠는가? 예수님이 내 안에 채워지지 않으면 귀신은 분명 다시 오게 되어 있다. 그렇게 마음대로 해놓고는 힘들다면서 시도 때도 없이 전화하는 사람들이 있는데,

나는 참고 참다가 단호하게 말해준다.

"올바르게 상담하고 가르쳐도 말을 안 들으면서 전화는 왜 하십니까? 그렇게 자기 마음대로 할 거면 앞으로 다시는 연락하지 마세요."

이런 상황을 수없이 겪으면서 알게 되는 것이 있다. 신앙적인 문제로 목사님들과 상담을 할 경우 듣고 잘 지켜 행할 때 비로소 복이 온다는 것이다.

우리 주님은 분명히 말씀하신다.

> 예수께서 이르시되 오히려 하나님의 말씀을 듣고 지키는 자가 복이 있느니라 하시느니라
>
> 누가복음 11장 28절

무리 중의 한 여인이 "당신을 밴 태와 당신을 먹인 젖이 복이 있나이다" 하고 예수님의 어머니를 찬양할 때, 주님은 긍정도 부정도 하지 않으시고 그저 하나님의 말씀을 듣고 지키는 자가 복이 있다고 말씀하신 것이다.

분명 마리아는 성결한 여인이 맞다. 하지만 우리가 초점을 둬야 할 대상은 마리아가 아니고 하나님의 말씀과 예수님이라는

것을 기억해야 한다. 왜냐하면 예수님께서 십자가에 못 박혀 돌아가시고 사흘 만에 부활하심으로써 우리가 사망 권세를 이기고 승리할 수 있었기 때문이다.

우리는 정말 정신을 바짝 차려야 한다. 주님께서 말씀하신 이것이 바로 진리이다.

하나님의 말씀을 듣고 지키는 자가 복이 있느니라

말씀을 읽고 듣고 지키는 것만이 한번 떠나간 귀신이 다시는 돌아오지 못하게 만드는 비법이다. 깨끗이 소제되고 수리된 그 상태에 머물러서는 안 되고 말씀으로 내 안을 채워야만 한다. 말씀이 곧 예수님이시기 때문이다.

사람들은 저마다 다르다. 학력이 다르고, 재력이 다르고, 키가 다르고, 미모가 다르고, 성격이 다르고……. 이렇게 다르다 보니 신앙생활도 자기의 방법, 자기의 생각대로만 하려고 한다.

"저 사람은 신앙생활을 참 별나게 하네?"

"내가 무슨 주차봉사를 해? 사회적 지위가 있는데."

"내가 어떻게 주방봉사를 해? 집에서도 손에 물 한 방울 안 묻히고 사는데."

"내가 어떻게 통성기도를 해? 점잖지 못하게."

"왜 자꾸 찬양할 때 손을 들고 일어서라는 거야? 천박해 보이게."

맞기도 하지만 틀리기도 한 말이다. 신앙생활도 성격과 스타일, 은사에 따라 다르게 하는 게 맞기는 하지만 기본적인 것은 같다. 예배드리고 말씀 읽고 기도하면서 좀 더 낮은 마음으로, 좀 더 사랑의 마음으로, 좀 더 섬기는 마음으로 해야 한다.

신앙생활의 기준은 항상 하나님의 말씀이다. 그렇기 때문에 우리 주님이 말씀하셨듯이 그저 듣고 지키는 자가 복이 있는 것이다.

성경에 이런 말씀이 나온다.

이 율법책을 네 입에서 떠나지 말게 하며 주야로 그것을 묵상하여 그 안에 기록된 대로 다 지켜 행하라 그리하면 네 길이 평탄하게 될 것이며 네가 형통하리라

여호수아 1장 8절

그저 "주여, 주여" 한다고 해서 내 길이 평탄해지고 형통하는

성도님, 왜?

것이 아니다. 듣고 지켜야 복이 있다.

　자, 정리해보자.

　우리는 신앙생활을 어떻게 해야 할까? 항상 말씀을 신앙의 기준, 삶의 기준으로 삼아야 한다. 말씀이 곧 예수님이시다. 왕이신 예수님을 내 안에 모시고 살려면 날마다 성경말씀을 읽어 내 안에 가득하게 해야 한다.

　사탄, 마귀, 귀신을 떼어내고 쫓아내려고 몸부림치지 않아도 된다. 은사자들을 찾아갈 필요도 없다. 말씀이 내 안에 가득하면 그 어떤 어둠의 세력도 나에게 가까이 오지 못한다. 혹시 나도 모르게 내 안에 어둠의 세력이 들어와 있었더라도 말씀이 채워지면 어느 순간 사탄, 마귀, 귀신이 말씀에 떠밀려 나가 깨끗해진다.

　거듭 강조하는데, 성경말씀을 날마다 읽고, 묵상하고, 지켜야 한다. 그렇게 하면 하나님께서 기뻐하시고 또한 우리의 삶에 복이 넘치게 된다.

##
> 66

귀신 세계에서
탈출하는 방법

> 99

나는 내림굿까지 하고 신의 길을 가야만 한다고 굳게 믿는 여성들의 전화를 참 많이 받는다. 그런데 놀랍게도 그들의 사연은 같으면서도 너무나 다르다.

같은 점은 만약 신의 길을 가지 않고 그 뜻을 거역하면 죽음만이 기다린다는 무당들의 이야기에 두려움을 느껴 내림굿까지 했다는 것이다. 그리고 정작 무속으로 들어가 조금씩 귀신 세계를 알게 된 후에는 도저히 사람이 할 일이 아니라 느껴 벗어나고 싶어 한다. 그래서 눈물로 밤을 지새우며 고민하다가 인터넷을 통해 나의 설교와 간증을 찾아보고는 살려달라고 전화를 한 것이다.

성도님, 왜?

귀신 세계에서 벗어나게 해주기만 하면 정말 열심히 살겠다는 다짐과 죽는 날까지 절대 은혜를 잊지 않겠다는 맹세도 그들의 공통점이다. 어찌나 처절하고 절박하던지 나는 미약한 힘이나마 그들이 귀신 세계에서 벗어나도록 도와주어야겠다고 마음을 굳게 먹었다. 그러고는 내가 하라는 대로 꼭 하겠다는 다짐을 몇 번이고 받았다.

다른 점은 상담을 받고 이를 받아들이는 자세다. 하나님의 방법에 순종해야만 귀신을 떼어낼 수 있는데, 자기 생각에 좋은 대로만 행동하는 사람이 있다. 불순종하며 스스로 판단하는 유형이다. 이런 사람은 결코 하나님의 사람이 될 수 없다.

이제 그 무당들의 이야기를 해보자.

A는 30대 초반의 미혼 여성으로 얼굴도 예쁘장했다. 언뜻 보면 여대생으로 보일 만큼 앳된 모습이었는데, 말은 아주 서글서글하고도 편안하게 잘하는 편이었다. 그동안 무당들에게 장구 치는 것, 제금 치는 것, 소리 하는 것을 배우며 힘들었던 이야기와 온갖 구박을 받고 잔심부름까지 하면서 마치 몸종처럼 살았던 날들이 고통스럽고 자존심 상했다는 고백도 눈물을 쏟으며 털어놓았다.

A는 여자여서 군대를 다녀오지는 않았지만 아마도 신의 길을 가는 것이 군대생활을 하는 것보다 몇 배는 더 힘들 것이라고 했다. 그 말은 사실이다. 인간적인 대우를 받지 못하는 것은 물론, 재주를 배운다는 명목으로 무당을 따라다니면서 노예처럼 온갖 허드렛일을 해야 하기 때문이다.

그런데 정작 이 젊은 신제자 A가 가장 힘들었던 것은 따로 있었다. 얼굴이 예쁘장하고 젊은 까닭에 산기도, 강기도를 하거나 굿당에서 굿을 할 때 다른 남자 법사들, 남자 무당들이 집적거렸던 것이다. 더 기막힌 일은 같은 여자이면서도 늙은 무당들이 이를 막아주고 지켜주는 게 아니라 오히려 더 부추겼다는 것이다.

"이 험한 신의 세계에서 생존하려면 저 법사님을 거부하면 안 돼. 눈 질끈 감고 같이 자면 너를 더 아껴주고 재주도 잘 가르쳐 주고 키워줄 거야."

결혼도 안 한 젊은 여성을 무속계 남자들이 그렇게 망가뜨리려 했던 것이다. 기를 쓰고 거부하며 온 힘을 다해 몸부림쳤지만 결국 그런 경험을 몇 번 하고 나니 너무 무서웠다고 한다. 돈을 벌 수만 있다면 고생이 되더라도 좀 더 버텨보자고 다짐했지만, 그 역시 쉽지 않았다. 일 년 내내 잠도 제대로 못 자며 기도

하고 산기도, 용궁기도를 다니며 영력을 얻어서 점을 보고 돈을 번들 무슨 소용이었겠는가?

이 세계에서는 신을 대우해주고 예를 갖추는 진적굿을 최소한 1년에 한 번 이상 하는 것이 관례다. 그것도 조촐하고 소박하게 하는 것은 의미가 없고, 최대한 많은 음식을 차리고 굿을 하는 사람도 최상으로 해야 신들이 돈을 잘 벌고 영력이 좋게 해준다고들 한다. 그러니 엄청나게 투자를 할 수밖에 없다.

더 웃기는 점은 다른 무당들에게 지고 싶지 않아 빚을 내서라도 진적굿을 더 크게 한다는 것이다. 장구 치는 사람, 제금 치는 사람, 대금 부는 사람, 피리 부는 사람, 해금 연주하는 사람과 법사는 물론이고 내림굿을 해준 신엄마까지 초빙해서 굿판을 벌이기 때문에 진적굿을 하면 하루 이틀 사이에 평균 3천만 원 가까운 돈을 쓴다. 그러니 무당 노릇을 해서 돈을 벌기는커녕 빚만 더 늘어나게 되는 것이다.

이러저러한 상황에 느낀 게 많았던 A는 귀신을 떼어낼 수만 있다면 내가 시키는 대로 다 하겠다고 했다. 나는 일단 기본을 이야기했다. 이번 주일부터 교회에 나가고, 날마다 성경말씀을 읽고, 조금씩 하나님께 기도하는 생활을 하자고.

A가 사는 지역이 부산이어서 그동안 집회를 다니며 알게 된

여러 교회 가운데서 잘 돌봐줄 만한 교회를 정했다. 그러고는 그 교회의 장로님에게 전화해서 사정 이야기를 하고 교회에 출석하는 A자매를 잘 돌봐달라고 신신당부했다.

그런데 그다음 주일 오후에 장로님에게서 그 자매가 교회에 오지 않았다는 연락이 왔다. 그 연락을 받자마자 득달같이 A에게 연락해서 왜 교회를 가지 않았느냐고 물었다.

"오늘은 늦잠을 자서 못 갔는데, 다음 주에는 꼭 갈게요."

나는 A의 말을 철석같이 믿고 전화를 끊었다.

하지만 A는 다음 주에도 교회에 가지 않았고, 나는 또 전화를

성도님, 왜?

걸어 왜 교회에 가지 않았느냐고 물었다.

"신엄마께 하직 인사라도 해야 도리일 것 같아요. 인사를 하고 나서 다음 주에는 꼭 교회에 갈게요."

나는 그 말을 또 믿어주었다.

하지만 좀 더 적극적으로 해야 할 것 같아서 그 교회 장로님에게 전화를 걸었다.

"장로님, 번거로우시겠지만 A자매와 미리 약속을 하셔서 데리러 가주십시오. 최대한 편안하게 예배드릴 수 있게 도와주시고요. 그럼, 부탁드립니다."

그래서 A자매는 마침내 주일날 교회에 가서 예배에 참석했다. 졸다가 깨다가 하품을 하기도 하는 등 어수선했다고는 하지만 교회에 갔으니 일단 성공이라고 생각했다. 하지만 그것으로 끝이었다. A는 그 뒤로는 교회에 나가지 않았다. 그래서 내가 전화를 걸면 늦잠을 잤다, 아프다, 부모님께 가봐야 한다는 등 온갖 핑계를 댔다. 그러면서도 다음 주에는 꼭 교회에 가겠다고 대답은 했다. 물론 가지 않았지만.

A는 부모뻘인 나에게 그렇게 거짓말을 반복했다. 물론 거짓말이 귀신의 특징 가운데 하나라는 것을 알고 있었지만, 그래도 인간적으로 조금 실망스럽고 화가 나는 것은 어쩔 수 없었다.

그 후로도 전화를 참 많이 했는데, 대답은 늘 "다음 주에는 갈게요"였다. 그리고 어느 순간부터는 아예 전화도 받지 않았다.

A 같은 사람은 평생 절대로 귀신을 떼어낼 수 없다. 하나님의 인도하심을 따라 스스로도 의지를 보여야 하나님의 사람이 될 수 있다. 귀신을 떼어내고 싶다면서 예수님을 믿지 않으면 어떻게 귀신을 떼어내겠는가? 이는 공부는 하지 않으면서 서울대학교에 가고 싶다고 하는 것과 같다. 훈련을 하지 않는 사람이 어떻게 올림픽 금메달을 따겠는가?

사람들은 귀신 핑계만 댄다. 귀신이 교회에 못 가게 한다, 머리가 아프다, 어지럽다, 온몸을 귀신들이 짓누른다, 머리를 철사로 동여매는 것 같다…….

그럴 때 나는 의지로 이기라고 분명히 말해준다. 밤잠 줄여가며 공부하지 않고, 체력의 한계를 느낄 정도로 운동하지 않으면 결코 원하는 것을 얻을 수 없는 게 세상 이치다. 영적인 문제도 마찬가지다. 본인이 노력해야 한다. 사실 이것은 수험생이나 운동선수처럼 체력적으로 힘든 일도 아니다. 그저 예수님 믿으며 교회에 나오면 되는데, 그걸 못하겠다는 것이다. 얼마나 쉬운가? 예배드리고 말씀 읽고 기도하면 다 해결되는데.

자신은 노력하지 않으면서 그저 하나님께서 모든 것을 해결

해주시기를 바라는 사람은 절대로 하나님의 놀라운 은혜를 기대할 수 없고, 결코 신앙생활의 기쁨을 맛볼 수 없다. 결국 A는 무속 세계를 벗어나지 못한 채 지금도 점을 보며 신의 길을 가고 있다.

B는 전라남도에 사는 여성으로 역시 30대 초반이다. 결혼을 했고, 아이도 한 명 있으며, 남편은 직장생활을 잘하고 있으니 겉으로 보기엔 다복한 일반 가정이다. 하지만 B의 가족 중 한 사람이 내림굿을 받았고, B 역시 빙의가 되어 몸에 귀신이 있는 사람이다. 특히 내림굿 받은 가족의 상황을 다 지켜보았기에 더더욱 두려움에 사로잡혀 있었다.

그런데 B는 심한 마음의 갈등을 겪었다. 신의 길을 가고 싶지 않고 그저 평범하고 행복하게 살고 싶었기 때문이다. 그 갈등이 심해지며 우울증이 오게 되었고, 급기야 거의 매일 술을 마시게 되었다. 아이도 있고 남편도 있는 여자가 날마다 술을 먹으니 가정이 화목할 수 있겠는가? 부부간에 싸움이 잦아져서 결국 별거까지도 생각하게 된 상황에서 B는 나에게 전화를 걸어왔다.

B는 A와는 분위기가 사뭇 달랐다. 남편과 아이, 가정을 지켜

야 한다는 마음이 너무나 간절하게 느껴졌다. 한 번 찔러보는 것이 아니라 정말 그렇게 살고 싶어 몸부림치는 안타까움이 전해졌다.

나는 B에게 이렇게 설명해주었다.

"비행기에는 몸통이 있고 양 날개가 있죠? 비유하자면 예배가 바로 비행기 몸통이에요. 양 날개는 말씀 읽고 기도하는 겁니다. 그러니 가까운 교회에 나가세요."

내 말에 B의 질문 공세가 이어졌다.

"교회 나가서 예배드리면 정말 귀신이 떨어지나요? 귀신들이 제 가정에 무슨 해코지라도 하지 않을까요? 제 아이의 생명과 건강에는 이상이 없겠지요? 혹시 귀신 때문에 남편과 사이가 나쁜 건 아닐까요? 저, 관계 회복을 위해 마지막으로 굿을 한 번 더 하면 안 될까요?"

B의 질문이 끝나기가 무섭게 나는 확신에 찬 목소리로 대답했다.

"걱정하지 마세요. 아무 일도 일어나지 않습니다. 나를 보세요. 예수 믿으면 피똥 싸며 3년 안에 죽을 거라고 수많은 무속인이 저주했는데, 이렇게 건강하게 잘만 살고 있잖아요? 예수님을 믿으면 오히려 더 건강해지고 남편과의 관계도 더 좋아질 겁니다. 귀신을 핑계로 매일 술을 먹는데 어느 남편인들 좋아하겠어요? 자, 술부터 끊고 이번 주부터 교회에 나가서 예배드립시다. 그리고 가장 중요한 점은, 남편에게 지금보다 훨씬 더 잘해주고 사랑을 줘야 한다는 거예요. 절대로 신경질 내지 말고요. 살면서 짜증나는 일이 왜 없겠어요? 하지만 한 번 잘 참고 견뎌보세요."

B는 내 말을 잠자코 듣더니 그렇게 하겠다고 약속했다.

그 후 B는 어떻게 되었을까? 교회를 정해서 출석하기로 하고 술도 끊었다. 남편에게 잘하려고 노력한 덕분에 부부관계도 나날이 좋아지고 있다. 이 얼마나 아름다운 일인가? 예수님을 믿기로 마음만 먹어도 이렇게 좋은 일이 생기고 문제가 해결되기 시작하는 것이다.

그러던 어느 날 B가 전화를 걸어 조심스레 물었다.

"저도 주님을 위해 좋은 일을 많이 하고 싶어요. 제가 할 수 있을까요?"

나는 기쁜 마음으로 권유했다.

"물론이죠. 자매님은 영적으로 예민하고 귀신을 느낄 수 있으니 앞으로 신앙이 안정되고 깊어지면 영적으로 문제가 있는 사람들을 도울 수 있을 겁니다. 영을 분별할 수 있으니 정신병 걸린 사람과 귀신 들린 사람을 바로 알아볼 수 있잖아요? 그러니 앞으로 하나님을 기쁘게 해드리기 위해서 본인이 먼저 말씀을 많이 읽고 기도해서 진정 하나님의 사람이 되어야 합니다."

B는 성공한 경우다. 이렇게 되어야 한다. 본인의 노력이 정말 중요하다. 앞서 말한 A와는 얼마나 다른가? 영원히 죽지 않고 살 수 있는 기회는 이렇게 순종하느냐, 불순종하느냐에 달려 있다. 한 사람은 천국으로, 한 사람은 지옥으로 가는 것이다.

C는 어머니가 평생 무속인이었던 40대 중후반의 여성으로 내림굿을 일곱 번이나 했다고 한다. 오랫동안 경제활동을 해도 모으기 힘든 2억 원에 가까운 돈을 내림굿 하는 데 쓴 것이다.

사실 굿을 한다고 해도 보통은 내림굿을 한 번 하고 끝내지만 도움이 되는 신령은 받아들이고 산수비, 들수비 등 떠돌아다니다가 붙은 잡신을 떼어낸다고 해서 이른바 '가리 잡는 굿'을 한 번 더 하는 경우도 있긴 하다. 그런데 나쁜 사람들이 순진해 보이는 C를 꼬셔서 볼 때마다 내림굿이 잘못되었다고 다시 하게 해서 돈을 빼먹은 것이다. 전형적인 사기 수법이다. 결국 C는 결혼도 하지 못한 채 마흔이 넘도록 내림굿에만 세월과 돈을 쏟은 터였다. 사연을 들으니 너무 안타까워서 도와주고 싶은 마음이 저절로 생겼다.

어려운 사정을 털어놓은 C는 만나서 이야기를 하고 싶다고 했다. 부산에 산다고 하길래 거리도 멀고 하니 전화로 이야기하는 게 어떠냐고 해도 막무가내로 무조건 올라오겠다고 했다. C는 기어이 약속 날짜를 잡고는 전화를 끊었다.

그래서 1월 어느 날 C와 만나게 되었다. 연예인처럼 외모가 아름다운 여성이었다. 형부가 운전을 해서 함께 올라왔다고 하며 자리에 앉자마자 이야기를 시작했다. 하고 싶은 이야기가 참 많은 듯했다.

그렇게 한참 이야기를 하더니 C는 잠깐만 나갔다 오겠다고 일어섰다. 무슨 볼일이라도 있나 싶어 기다리고 있는데, 5분쯤 지나서 진한 담배 냄새를 풍기며 돌아왔다. 나와 이야기를 나누는 중에도 참지 못하고 담배를 피우러 나갔다 온 것이다.

마흔이 넘도록 시집도 못 가고 무속인들에게 속아서 끌려 다니며 굿만 하느라 가진 것도 없고 고생만 잔뜩 한 C를 보니 돕고 싶은 마음이 간절했다. 나는 C에게 복음을 전하고 하나님 말씀을 한참 동안 해주었다. 그런 다음 예수님을 믿겠다는 확답을 받고는 함께 기도한 뒤 다시 부산으로 내려보냈다. 어려운 일이 있을 때는 언제든지 전화하라는 말도 잊지 않았다.

그 후 C는 마침내 교회에 출석하기 시작했다. 성경말씀을 읽고 기도도 열심히 하는데, 문제는 끈기가 부족하다는 것이었다. 마음이 불안해서였다. 예배드리고 말씀 읽고 기도하면서도 정말 예수님께서 귀신을 다 쫓아내고 구원을 주실지 확신할 수 없어 불안해했다.

게다가 C에게는 좋은 목사님, 영적 스승을 잘 찾아야 한다는 강박관념이 있었다. 무속에 오래 관련돼 있었던 까닭에 우리 기독교와는 분명 분야가 다르지만 나름대로 영적 예민함이 있어서 목회자들을 보며 속으로 따지고 있었을 것이다. 저 목사님은 영력이 부족해, 저 목사님은 성격이 안 좋아, 이 교회는 왠지 성령님이 없을 것 같아, 이 교회는 교인들이 불편해…….

이런 식으로 여러 가지를 자꾸 판단하고 따지고 들었던 것이다. 사실 살면서 우리 마음에 다 드는 게 어디 있겠는가? 입에 있는 혀도 물리는데, 세상 어떤 것이 딱 내 마음에 들겠는가? 그럼에도 불구하고 늘 변덕을 부리고 있는 것이다.

변덕이 죽 끓듯 하고 신경질을 자주 내는 것. 이것은 귀신 들린 사람들의 전형적인 특징이다. C가 딱 그랬다. 물론 순진하고 착한 면도 있었지만, 스스로를 견뎌내지 못하니 이를 어쩔 것인가?

C는 어느 교회에 다니다가 이것으로는 부족하다며 다른 교회에 출석하기를 반복했다. 그러다가 어느 날은 짐을 싸들고 한동안 기도원에 가서 생활하기도 했다. 하지만 기도원장이 자기 생각과 다른 말을 하면 또 짐을 싸들고 집으로 돌아오곤 했다.

C의 경우 이런 상황이 귀신 때문만은 아니었다. 정신적인 문제도 분명 있었다. 의학 용어로는 어떻게 표현하는지 모르지만, C는 감정기복이 너무 심했다. 이처럼 조울증과 귀신병이 함께 있을 경우는 신의 문제를 해결하기에 앞서 정신과 치료를 받아야 한다. 마음을 다스릴 수 없는데 어떻게 살아가겠는가? 무당을 하든 기독교인이 되든 마음을 평안히 다스릴 수 있어야 하는 것이다.

C의 문제점은 크게 보아 두 가지다.

첫째, 본인이 중심을 잡아야 한다. 누가 자신을 진정으로 위해주고 도와줄 수 있는지를 판단해서 생활해야 한다. 주변의 목사, 선교사, 권사, 집사들의 말에 휘둘려서 기도원에 가라면 가고, 교회를 옮기라면 옮기고, 철야를 하라면 하고, 정신과 약을 끊으라면 끊는 등 바람에 흔들리는 갈대처럼 자꾸만 바뀌는 게 가장 문제였다.

어찌 보면 주변 사람들이 더 나쁘다. 기도하면 모든 병이 다 나으니 약을 끊으라고 하는 목사도 문제고, 교회에 헌물이나 헌금을 하면 낫는다고 하는 사람들도 문제다. 이런 식으로 순진한 사람을 더 가난하게 만들고 망가뜨리기 때문이다. 기본적으로 사람을 낫게 해준다면서 재물을 요구하는 사람은 전부 가짜라고 보면 거의 정확하다.

둘째, 병원 치료를 무시하면 안 된다. 귀신 문제만 있다면 신앙생활만으로도 충분히 해결이 되지만, 정신과적인 문제가 있을 때는 반드시 정신건강의학과에서 상담치료와 약물치료를 병행해야 한다. 감기에 걸리면 감기약을 먹어야 하고 고혈압이면 혈압약을 먹어야 하듯 정신병도 약을 먹어야 한다. 우울증, 공황장애, 조현병, 조울증, 망상증, 리플리증후군 등 일반인이 잘 알지 못하는 여러 가지 정신병의 경우 반드시 전문의와 상담하고 치료를 받아야 한다. 그런데 그 나름대로 영적이라는 교회 사람들의 말만 듣고 치료하지 않으면 상태가 더욱 심각해져서 나중에는 치유가 더 어려워지고 만다.

C는 이리저리 흔들리다가 TV에 나오는 유명한 목사, 강사들을 만나서 상담도 했지만 마음의 중심을 잡지 못했다. 게다가 정신과 약을 끊는 바람에 치유되지 못하고 더 힘들게 살다가 결국 정신과에 강제 입원을 당하는 일까지 겪었다. 지금은 시골에

성도님, 왜?

작은 집을 하나 구해 자연인처럼 살면서 정기적으로 약물치료도 하고 주일에는 예배드리면서 치유를 위해 노력하고 있다.

A와 B는 순수하게 귀신, 영의 문제였는데 순종과 불순종의 차이로 구원이 결정된다는 것을 설명했다. 또한 C는 정신병과 귀신의 문제가 함께 있는 경우를 설명했다. 결론은 다음과 같다.

첫째, 귀신 세계에서 탈출하는 최선의 방법은 순종하는 마음으로 신앙생활을 잘하는 것이다.

둘째, 정신과적인 문제가 있을 때는 반드시 병원 치료도 병행해야 한다.

나와 상담했던 그 많은 사람이 모쪼록 귀신 세계에서 잘 탈출해 주님의 품에 안착하기를 바란다.

무속인을 붙잡는
돈과 권력

지방에 사는 어느 여집사님에게서 연락이 왔다. 봉사활동을 하다가 알게 된 남자가 있는데, 꼭 전도를 하고 싶으니 도와달라는 내용이었다.

"어떻게 도와드리면 될까요?"

내 물음에 집사님은 이렇게 대답했다.

"제가 그분을 모시고 찾아뵐게요. 목사님은 그저 밥도 같이 먹고 차도 마시면서 자연스럽게 예수님 이야기를 좀 해주세요."

나는 조금 의아해서 물었다.

"그런 거라면 집사님도 하실 수 있을 텐데요?"

그러자 조금 망설이는 듯하더니 답을 했다.

성도님, 왜?

"그분이, 지금 무당이거든요."

아! 무당이라는 말에 또 호기심이 생기면서 전도해야겠다는 승부욕이 생겼다.

나는 내가 밥을 살 테니 무조건 함께 오라고 했다.

"목사한테 밥 얻어먹으면 3년 동안 재수가 있다는 얘기 들어보셨죠?"

"어머, 그런 말은 처음 들어보는데요."

그러면서 웃는 집사님에게 사실은 내가 지어낸 이야기라고 말해주고는 약속 날짜를 잡았다.

얼마 후 서울의 충무로역 근처에서 그 남자 D를 만났다. 잘생긴 데다 정말 착해 보이는 인상의 40대 남자였다. 이렇게 젊은 나이에 어찌 그 험한 신의 길을 갔느냐고 물으니 사실은 더 일찍 무속의 길에 들어섰다고 털어놓았다.

D는 20세에 방송국 공채 탤런트로 합격했으나 21세에 신이 내려 내림굿을 받았고, 20년 이상 무속일을 해오며 신딸이 천 명도 넘는 큰 무당이었다. 나이는 40대여도 무속 계통에서는 나라무당, 선생님이라는 호칭을 듣는 대단한 위치에 있었다. 1시간짜리 TV 다큐멘터리 프로그램에 단독으로 출연한 적도 있어 전국적으로도 꽤 유명했다. D는 유명 인사답게 차도 외제차를

타고 나타났다.

나는 먼저 과거에 내가 알던 무속인들의 안부를 물었다. 산기도 정성을 드리러 팔도명산으로 다니던 이야기도 하고 용궁기도를 한다며 강으로, 바다로 다니던 이야기도 하며 친근하게 이야기를 풀어나갔다. 이야기를 해보니 참 점잖고 좋은 사람이라는 느낌이 왔다.

사람들은 선입견을 많이 가지고 있다. 귀신 들려 신의 길을 가는 사람은 이상하게 생기거나 성격이 아주 특이하고 폭력적일 것이라는 선입견이다. 하지만 사람 나름이다. 물론 무속인들 중에도 사기성이 있고 품성이 나쁜 사람들도 있지만 인간적으로 좋은 사람들도 많다.

이것은 어느 분야든 마찬가지다. 사실 정치인들도 그렇고 고위 관직에 있는 사람들도 그렇고 나쁜 사람이 얼마나 많은가? 법망을 교묘하게 피해가며 부를 축적하고 이권을 챙기는 사람들, 뭐라도 되는 양 교만하고 못된 사람들 말이다. 사는 모습은 어디나 다르지 않다.

나는 그렇게 무속 생활을 하며 고생한 이야기, 넋두리를 해서 경계를 풀고 마음을 열게 했다. 그러고는 슬슬 예수님 이야기를 꺼냈다. 복음을 전한 것이다. 내가 무속의 세계를 떠나 예수님을 믿은 뒤 얼마나 행복하고 좋은지 성의를 다해 이야기했다.

"우리 함께 예수님을 믿고 훗날 하늘나라에서도 함께 영원히 삽시다."

D는 내 말에 관심을 가지고 열심히 들었다.

그런데 무엇보다 결정적인 것은 자식 이야기다. 이 세상에 자식을 사랑하지 않는 사람은 없다. 그에게도 미취학 아들이 있었는데, 아들이 무속의 길을 가는 것을 좋아할 리 만무했다. 그래서 그 부분을 파고들었다.

"예수님을 믿고 귀신을 떼어내지 않으면 우리가 죽는 것으로 끝나지 않습니다. 우리 자손이 또 그 길을 가게 되죠. 그러니 우리 세대에 반드시 예수님을 믿고 귀신을 끊어내야 합니다."

그런데 이야기를 나누던 중 D가 나에게 아버지라고 불렀다. 그러면서 앞으로는 아버지로 부르겠다고 했다.

"그래, 아들아. 고맙다! 우리 함께 천국에 가자."

그렇게 D는 마침내 복음을 받아들였다. 영접기도를 했다. 내가 말하면 D가 따라 하면서 무사히 영접기도까지 마쳤다.

얼마나 감사하던지⋯⋯. 이렇게 무속계의 큰 별이 그 세계를 떠나 예수님을 믿게 되면 이로 인하여 앞으로 얼마나 많은 신제자들이 예수님을 믿게 될 것인가. 생각만으로도 뿌듯했다.

그렇게 헤어지고 나서 D는 돌아오는 주일부터 교회에 출석했다. 내게 전화를 걸어 부탁했던 여집사님 가족과 함께 교회에 간 것이다. D는 찬송가 CD를 사다가 운전할 때 늘 듣고 따라 부르며, 신호 대기 중에는 두 팔을 높이 들고 "주여!" 삼창을 한다고 했다. 나는 그 모습을 상상하기만 해도 기쁘고 감사했다.

D는 그렇게 몇 달 동안 주일예배를 착실히 드리면서 무속인들과 연락을 완전히 끊고 지냈다. 그렇게 모든 것이 순조롭게 잘 풀리는가 했는데, 어느 순간 연락이 뚝 끊겼다. 통화도 안 되고 카톡, 문자메시지에 대한 답도 전혀 없었다. 무슨 일이 생긴 건 아닌지 걱정도 되고 불안해서 수도 없이 연락을 해봤지만 연결이 되지 않았다.

'이렇게 한 영혼을 잃어버리나 보다.'

나는 가슴이 아팠다. 하지만 좀 더 인내하며 장기적으로 생각해야겠다고 마음먹었다.

'그래, 다 때가 있는 법이지. 밥을 해도 뜸 들이는 시간이 필요하고, 비행기가 뜨는 데도 시간이 걸리는 거니까.'

D는 몇 해가 지나도록 연락이 되지 않았다. 사실 찾으려고 마음만 먹으면 언제든 찾을 수 있었다. 우리나라의 큰 굿당 몇 군데에 전화를 해보면 연락처를 바로 알 수 있었으니까. 하지만

나는 기도하면서 차분히 기다리기로 했다.

그러다가 페이스북을 통해 다시 연락이 되기 시작했다. 즉시 전화를 했더니 반갑게 아버지라고 부르며 받았다. D는 요즘 무척 바쁘다. 거의 매일 굿을 하기 때문이다. 원래 세상이 어지럽고 살기 힘들수록 사람들이 굿을 많이 하는 법이다. 모르기는 해도 아마 한 달 수입이 수천만 원 이상일 것이다. 이것이 걸림돌이다. 무속계에 있으면 어디를 가도 선생님 소리를 듣는다. 심지어 나이가 스무 살 이상 많은 사람도 D에게는 선생님이라 부르며 앞에서 고개를 숙인다. 그러니 그것을 놓기가 쉽지 않다. 무속계에서의 명예와 권력이 D를 단단히 붙잡고 떠나지 못하게 하는 것이다. 게다가 요즘 같은 불경기에 무엇을 해서 한 달에 수천만 원을 벌겠는가.

그동안 수많은 무속인을 만나서 전도를 해보니 예수님을 믿지 못하는 가장 큰 이유가 사실은 돈 문제였다. 당장 먹고살 게 없으니 떠나지 못하는 것이다. 그래서 그들 중에는 솔직히 이렇게 말하는 사람들도 꽤 있다.

"예수님이 하나님이라는 것을 알고 큰 신이라는 것을 압니다. 하지만 일단 먹고살아야 하니 65세까지 무당일을 하다가 그 후에 신령님께 하직굿을 하고 예수님을 믿으려고요."

그나마 다행인 것은 D는 기독교, 예수님에 대한 거부감이 전혀 없다는 점이다. 지금도 찬송가를 듣고 따라 부른다고 한다. 나는 그저 D가 우리 주님을 온전히 믿을 그날이 빨리 오기를 바라며 계속 기도할 것이다.

분명 하나님께서는 D를 포기하시지 않을 것이다. 영접기도까지 했으니 하나님도 그때 그 기도를 들으셨을 게 아닌가. 한 영혼을 천하보다 귀하게 여기시는 하나님의 역사를 기대해본다.

성도님, 왜?

특이한 철야기도 유형

신앙생활을 하다 보면 철야예배 때나 부흥회 때 이상한 장면을 볼 때가 있다. 기도할 때 구역질을 하고 가래를 뱉느라 휴지를 한 통 다 쓰는 사람도 보았고, 심한 몸 떨림 증상을 보이는 사람도 보았다. 모두 잘못된 것이다.

어떤 영적 지도자들은 구역질을 하고 가래를 뱉을 때 몸 안에 있던 더러운 세력들, 귀신들이 나간다고 한다. 하지만 아니다. 그것은 그저 잘못된 습관일 뿐이다. 그렇게 가래를 뱉고 구역질을 해대면 옆에 앉았던 사람들이 더럽다고 다른 자리로 옮길 뿐 전혀 은혜가 되지 않는다.

생각해보라. 거룩하신 하나님 앞에서 가래를 뱉고 구역질을 하면 하나님께서 기뻐하시겠는가? 아마 하나님께서도 더러워서 그 사람 앞에 계시기가 싫을 것이다. 기도를 하다가 가래가 자꾸 나오고 구역질이 나면 일단 기도를 멈추고 일어나 시원한 물이라도 한 잔 마시고 심호흡을 한 뒤, 잠시 쉬었다가 기도를 다시 해야 한다.

또한 기도할 때 몸이 심히 떨리고 경련을 일으키는 증세가 나타나면 바로 기도를 멈추어야 한다. 물론 작은 떨림이나 움직임 같은 증상은 있을 수 있다. 하지만 성령님께서는 그렇게 발작을 하며 경박하게 오시지 않는다. 잔잔하게 오셔서 잔잔한 말씀으로 응답해주신다. 성경 어디에도 가래침을 뱉고, 구역질하며, 몸부림치고, 발작을 하며 기도한다고 기록되어 있지 않다.

간혹 하품을 자꾸 하는 사람들도 있다. 어떤 사람은 하품할 때 귀신이 들어간다고 말하고, 어떤 사람은 몸에 있는 나쁜 기운이 하품할 때 나간다고 말하기도 한다. 또 목사님이 설교할 때 조는 사람들도 있는데, 설교 중에 졸면 귀신이 콧구멍으로 들어간다고 말하는 목사도 있다고 들었다. 그런 게 어디 있는가? 말도 안 되는 소리다.

하품은 몸이 피곤하거나 몸에 산소가 필요할 때 하게 돼 있다. 요즘 돈을 벌기가 얼마나 힘든가? 사는 게 결코 만만치 않다. 먹고살기 위해 한 주간 동안 열심히 살다 보니 잠이 부족해서 설교를 듣다가 졸기도 하는 것이다. 어쩌면 우리 목회자, 사역자보다 성도들이 훨씬 더 힘들지도 모른다는 생각이 든다. 경제활동도 열심히 해야 하고 신앙도 지켜야 하니까. 어쨌든 하품이 날 때는 조용히 일어나야 한다. 그리고 시원한 물 한 잔 마시고 다시 예배를 드리면 된다.

나도 초신자 때는 예배 시간에 많이 졸았다. 설교 말씀을 들어도 내용을 잘 모르니 더 졸릴 수밖에 없었다. 그럴 때 나는 나만의 방법을 시도했다. 일단 허벅지를 꼬집었다. 그래도 안 되면 박하사탕을 남몰래 빨아 먹기도 하고, 껌을 티 나지 않게 조심조심 씹어보기도 했다. 그래도 졸리면 자리에서 일어나 본당 맨 뒷줄로 가서 벽 쪽에 붙어 서서 설교 말씀을 들었다. 그러면 졸음을 극복할 수 있었다.

신앙생활을 할 때는 잘못된 지식이나 남의 말을 듣고 그릇되게 하면 안 된다. 신앙생활의 기준은 언제나 하나님의 말씀이 되어야 한다. 그래서 우리는 더욱더 말씀을 사모하고 늘 읽고 묵상해야 하는 것이다.

무당들이 굿하는 곳을 굿당이라고 말한다. 일반적으로 무당들은 곧바로 장구 치고 뛰면서 굿을 하는 게 아니라 굿을 시작하기 전 법문 또는 축원문을 한참 외우며 분위기를 고조시킨다. 그렇게 짧게는 한두 시간, 길게는 5시간 정도 법문을 외운 다음 굿을 시작하게 된다.

굿당에 가면 대부분 큰 나무나 큰 바위, 약수터 같은 것이 구비되어 있는데, 그 나무나 바위 앞에서 징을 치며 축원문을 외운다. 그런데 굿당에서는 굿을 한 팀만 하는 게 아니라 서로 다른 여러 팀이 굿을 한다. 작은 굿당에는 굿을 하는 방이 5개 남짓이지만, 큰 굿당에는 방이 10~20개 정도 있다.

이렇게 방마다 다른 팀이 굿을 하다 보면 자연스레 문제가 발생하게 돼 있다. 큰 바위나 나무 밑에서 축원문을 시작할 때 처음에는 서로 조심하며 징도 살살 치고, 작은 목소리로 시작한다. 하지만 시간이 흐를수록 징소리가 커지고 목소리도 점점 높아진다. 그러면 근처에서 축원문을 외던 다른 무당도 지지 않으려고 징을 크게 치고 목소리도 한껏 높이기 마련이다. 한참을 그러다 보면 무슨 말을 하는지 알아들을 수 없고 고함소리만 들린다. 급기야는 서로 싸우기까지 한다.

"왜 그렇게 크게 하는 거야?"

"굿당을 전세라도 낸 거야?"

"이렇게 교양이 없어서야, 원."

처음에는 말로 싸우다가 심할 경우 멱살잡이를 벌이기까지 한다. 서로 배려하는 마음이 없어서 벌어지는 일들이다.

그런데 이러한 상황은 굿당에서뿐만 아니라 우리가 너무나 사랑하는 교회 안에서도 일어난다. 새벽기도나 철야기도를 가면 통성기도를 할 때 유난히 목소리가 큰 사람이 옆에 앉게 될 때가 있다. 성도들도 처음에는 살살, 자그마한 목소리로 교양 있게 기도를 시작한다. 하지만 옆에 누가 앉느냐에 따라 목소리가 점점 높아지기 마련이다.

크게 소리 지르며 통성기도를 하는 사람이 옆에 있으면 자신의 기도에 집중하기 어렵다. 쓸데없이 옆 사람의 기도 소리만 들리고 내 기도를 할 수 없게 되면 힘이 들고 짜증도 난다.

하나님께서는 모든 기도를 듣고 계신다. 굳이 크게 소리치지 않아도 다 들으시는데 자기 목만 아프게 왜 그리도 큰 소리로 기도를 하는 걸까? 아마도 목청껏 기도를 하면서 스스로 열심히 했다는 자기만족감을 느껴 그러는 게 아닌가 싶다.

어쨌든 누구 목소리가 큰지 작은지 내가 어떻게 알고 자리를 잡겠는가?

'오늘은 제발 목소리 작은 사람 옆에 앉게 하옵소서.'

그렇게 기도하며 교회를 갔는데 또 목소리 큰 사람 옆에 앉

아 좌절을 맛보았다. 나는 계속 고민하고 기도하며 지혜를 구하다가 드디어 방법을 찾아냈다. 귀마개가 떠올랐던 것이다. 나는 그 즉시 수영장에서 귀에 물이 들어오지 않게 하려고 착용하는 귀마개를 샀다.

그 뒤로 나는 설교를 들을 때는 열심히 귀 기울여 듣고 은혜를 받다가 통성기도가 시작되면 슬쩍 귀마개를 했다. 세상에, 이렇게 고요하고 잔잔하다니!

교회에는 많은 사람이 모이다 보니 모두 제각각이다. 성격도 다르고 성장 배경도 다르고 사는 환경도 다른 까닭에 모두 내 마음에 들기는 어렵다. 그러므로 신앙생활을 할 때는 불평불만은 접어두고 관대하고 지혜로울 필요가 있다.

아울러 귀마개는 통성 기도를 할 때만 필요한 게 아니다. 자기 나름대로 신령하다고 하는 사람들, 하나님의 음성을 듣는다고 하는 사람들은 대부분 남을 가르치려고 든다. 이때도 역시 마음의 귀마개가 필요하다. 우리는 사람의 소리를 듣지 말고 오직 말씀을 기준으로 예수님만 바라보며 신앙생활을 해야 한다. 아멘!

공황장애인 줄도 모르고……

현대인들은 너무 바쁘고 힘들며 스트레스도 많이 받고 산다. 그래서인지 예전에는 들어보지도 못한 새로운 병명이 어느새 낯설지 않은 상황이 되었다. 그중 공황장애라는 병이 있다. 이 생소한 정신과적 병은 결코 만만하고 쉬운 상대가 아니다. 우리 주변에는 의외로 많은 사람이 공황장애를 경험했거나 현재 고통을 겪고 있다. 공황장애가 두려운 이유는 병의 원인과 그 대상이 매우 다양하기 때문이다.

엘리베이터만 타면 숨이 넘어가는 사람이 있다. 밀폐공포증 같은 것이다. 비행기를 타면 거의 기절 상태가 되는 사람도 있다. 자동차 뒷자리에 탈 때 양쪽 창가에 앉으면 괜찮은데 가운데만 앉으면 갑갑해서 견디지 못하고 눈물을 쏟아내는 사람도 있다. 또 창문이 열리지 않는 고속버스를 타면 갑갑함을 견딜 수 없어 승용차나 기차만 이용하는 사람도 있다.

그런가 하면 어떤 사람은 비둘기만 보면 극심한 두려움에 빠져 토할 것 같은 고통을 느끼거나 심지어 호흡곤란에 빠지기도 한다. 어느 유명한 운동선수는 잠을 자려고 하면 천장이 무너질 것 같은 두려움이 엄습해서 거의 3년을 자동차에서 잤다고 한다.

공황장애는 연예인 같은 유명 인사에게도 많이 나타나지만, 의외로 일반인 중에도 이 병을 겪는 사람들이 많다. 그런데 이런 증상이 나타나면 무조건 사탄, 마귀의 문제라고 주장하면서 철야기도와 새벽기도를 하고 축사, 축귀를 하라고 강요하는 기독교인들이 많으니 참 안타까운 일이다.

내 경험상 공황장애를 치유하는 방법은 정말 간단하다.

첫 번째 방법은 정신건강의학과에 가서 약물치료와 함께 상담치료를 병행하는 것이다. 내가 경험한 바에 따르면 심지어 약을 먹지 않고 가지고 다니기만 해도 90퍼센트는 극복되는 것 같았다. 불안해지고 숨이 가쁜 증상이 나타나기 시작할 때 약을 먹으면 진정되므로 그저 가지고만 있어도 안도감이 생기니 이 얼마나 감사한 일인가? 그러다가 조금씩 극복되고, 나중에는 약을 먹지 않아도 될 만큼 완전히 낫기도 한다.

두 번째 방법은 감사하는 마음으로 자신감을 가지고 나을 때까지 오직 예수님만 바라보며 기도하는 것이다.

세 번째 방법은 정신건강의학과에서 치료를 받으며 하나님을 붙잡고 기도하는 것이다.

나도 한때 매우, 아주, 굉장히 힘들었던 적이 있다. 어느 날 아침에 출근하려는데 후배에게서 급한 전화가 왔다. 교통사고가 났다는 것이다.

후배가 좌회전을 하려는데 오토바이가 와서 들이받고 튕겨 나갔다고 한다. 후배는 차에서 급히 내려 오토바이 운전자의 상태를 살폈는데, 목의 핏줄이 터져서 피가 분수처럼 쏟아지고 있었다. 그래서 피가 솟구치는 그의 목을 손으로 막고 힘껏 소리쳤다.

"도와주세요! 여기 좀 도와주세요…….."

하지만 아무도 도와주지 않았고, 오토바이 운전자는 의식불명 상태가 되었다. 그 뒤 경찰차가 오고, 구급차가 와서 상황을 수습했다. 후배는 그를 병원에 보내고 난 뒤 조서를 쓰기 위해 경찰서로 갔고, 그제야 좀 정신을 차려 내게 연락을 했던 것이다.

성도님, 왜?

나는 황급히 경찰서로 달려갔다.

"걱정 마라. 형이 왔잖아. 형이 도와줄게."

그렇게 말하면서 후배를 꼭 안아주었다. 그 바람에 후배의 몸에 잔뜩 묻어 있던 피가 내 옷에도 묻었다. 조서 작성이 끝난 뒤, 나는 후배를 데리고 나와서 밥을 사 먹이고 안정시켜서 집으로 돌려보냈다.

그런데 사건은 그날 밤에 일어났다. 후배가 겪었을 그 사고 현장이 자꾸만 내 눈앞에서 어른거리는 게 아닌가. 갑자기 숨이 콱 막혔다. 숨을 어떻게 쉬어야 하는지 잊어버린 것 같았다.

'한 번 들이쉬고 한 번 내쉬어야 하나? 두 번 들이쉬고 두 번 내 쉬어야 하나?'

평소에는 전혀 신경 쓰지 않고 숨을 쉬었는데, 웬일인지 갑자기 호흡법이 생각나면서 어떻게 숨을 쉬어야 할지 몰랐다. 눈만 감으면 피가 보였다. 그러면 가슴이 두근거리면서 호흡곤란이 느껴졌다. 40년 전 군생활을 하면서 수없이 사고도 겪고 죽은 사람도 많이 본 나였다. 그때는 아무렇지도 않았는데 이번엔 도저히 숨을 쉴 수가 없었다.

나는 새벽이 될 때까지도 잠들 수 없었고, 급기야 밖으로 뛰쳐나갔다. 집 근처에 있는 초등학교로 가서 100미터 달리기를 하듯

온 힘을 다해 달렸다. 그렇게 숨이 차서 죽을 지경까지 뛰면 저절로 심호흡이 가능해지고 규칙적으로 숨을 쉴 수 있었다. 이런 일이 매일 밤 벌어졌다. 지쳐서 쓰러질 정도가 안 되면 잠을 이룰 수 없었고 호흡곤란이 왔다.

까닭 모를 두려움과 호흡곤란을 매일 밤 겪다 보니 '이러다가 죽겠구나' 싶었다. 아내와 자식들도 내 머릿속에는 없었다. 내가 죽을 것 같으니 아무 생각도 할 수 없었다.

병원에 가보았다. 결핵인가 싶어 엑스레이도 찍어보고, 코에 이상이 있나 해서 이비인후과에도 가보고, 한의원도 가보았다. 부정맥검사, 심장검사 등 온갖 검사를 다 해보았지만 마땅한 해결 방법이 없다고 하니 정말 미칠 것 같았다.

의사들은 그냥 마음을 편히 먹으라고 했다. 아무 병도 아니라면서. 나는 숨 쉬기가 힘들어 죽겠는데 의사는 아무 이상이 없다고 하니 괴롭다 못해 나중에는 우울증까지 나타나기 시작했다.

'이렇게 죽게 될 걸 무엇 하러 그렇게 아등바등하며 살았을까? 학교 다닐 때 공부하느라 왜 그리 고생을 했어? 아내가 무슨 소용이며, 자식이 나한테 무슨 소용이란 말인가? 내가 이렇게 숨을 못 쉬어 죽겠는데 아무 도움이 되지 못하고⋯⋯.'

정말 별별 생각이 다 들고 원망스럽기까지 했다.

그런 생활이 몇 달간 지속되자 몸은 바싹바싹 마르고, 얼굴색도 거의 말기암 환자처럼 시커멓게 죽어갔다. 고통의 나날을 보내던 중 문득 이런 생각이 들었다.

'기도하자. 그래, 기도를 해보자. 병원에서는 아무 병도 아니라는데 나는 이렇게 죽도록 괴로우니 어쩌겠는가. 하나님께 매달려 믿음으로 기도하는 수밖에.'

나는 지금 이 순간 나를 구해주실 분은 오직 하나님밖에 없다는 믿음으로 기도하기 시작했다. 두 손을 답답한 가슴 위에 얹고 간절히 기도했다. 기도를 시작하면서 의도적으로 감사할 거리를 찾았고, 지금까지 사는 동안 행복했던 일을 떠올리며 감사기도를 했다. 어린 시절 부모님과의 즐거웠던 추억들, 아이들이 태어났을 때의 기쁨, 아이들을 키우면서 좋았던 기억들을 하나하나 꺼내 감사기도를 했다. 감사할 일이 떠오르지 않을 때는 억지로 만들어서라도 감사기도를 했다.

그랬더니 놀랍게도 마음이 편안해지고 가슴이 편안해지고 숨쉬는 게 편안해지기 시작했다. 나는 감사기도를 통해 밤마다 죽도록 달리지 않아도 되는 정도까지는 일단 회복했다.

그러던 어느 날 방송국 국장님의 부친이 돌아가셔서 문상을

공황장애인 줄도 모르고……

가게 되었다. 장례식장으로 가는데 또 마음이 불안해지기 시작했다.

'이렇게 몸 상태가 나쁠 때는 초상집에 가는 게 좋지 않다고 하던데…….'

순간, 아차 싶었다.

'이런 바보 같으니! 내가 지금 무슨 귀신 씨나락 까먹는 소리를 하는 거야? 그런 건 무속인들이나 따지는 거잖아. 약해지니까 별생각이 다 드네. 내가 미친놈이지.'

장례식장에 도착하자 나는 입구에 서서 5분쯤 기도를 하고

성도님, 왜?

들어갔다. 그러고는 고인을 위해 기도드리고 상주를 만나 위로의 인사를 전한 뒤 돌아서 나오는데, 놀라운 일이 벌어졌다. 계단을 밟고 내려서는 순간, 하나님의 음성이 크고 강하게 들리는 게 아닌가.

"다 나았다. 걱정 마라!"

할렐루야!!

정말 하나님의 음성이었는지, 내 마음속의 자신감이었는지는 몰라도 그 음성을 듣고 나서는 두 번 다시 호흡곤란을 느끼지 않았다. 정말 감사한 하나님이시다.

이 힘들고 괴로운 경험을 통해 내가 깨달은 진리가 있다.

첫째, 내가 예수님을 믿는 크리스천이라고 해도 얼마든지 아플 수 있고 고난을 겪을 수도 있구나. 믿음이 좋다고 해서 무조건 부자가 되고 건강하고 성공하는 것은 아니구나.

둘째, 힘들고 어려운 일이 닥칠 때는 말씀 읽으며 하나님께 믿음으로 다가가고 더 열심히 기도해야 하는구나.

셋째, 힘들고 어려운 일이 생길수록 감사기도가 최우선이구나. 감사기도가 건강하고 행복하게 살아가는 최고의 비법이구나.

영적인 체험을 했다는 나도 고난 앞에서 이렇게 말씀과 기도를 잊어버릴 뻔했는데, 하물며 힘든 사회생활을 하는 일반 성도들이야 오죽하겠는가? 이 일을 겪으면서 나는 다시 한번 확실히 알게 되었다. 살아가는 동안 늘 말씀과 기도를 가까이해야 한다는 것을.

> 내가 네게 명령한 것이 아니냐 강하고 담대하라 두려워하지 말며 놀라지 말라 네가 어디로 가든지 네 하나님 여호와가 너와 함께 하느니라 하시니라
>
> 여호수아 1장 9절

당시만 해도 나는 외상 후 스트레스 장애로 인한 공황장애가 무엇인지 전혀 알지 못했다. 옆에서 조언해주는 분도 없었고, 이런 증상이 있을 때는 정신건강의학과에 가야 한다는 것도 당연히 몰랐다. 그래서 어쩔 수 없이 무작정 기도하는 방법을 선택했던 것이다.

하지만 만약 지금 그런 일을 다시 겪게 된다면 혼자 고통에 빠져 고생하면서 기도만 하며 견디지는 않을 것이다. 병원 치료와 기도를 병행해서 하루빨리 고통과 고난을 극복하고, 하나님

께 영광 올려드리는 복음사역과 내 삶에 더욱더 충실할 것이다.

오직 믿음으로, 오직 말씀으로, 오직 감사하는 마음으로 살아갈 것이다.

66

꼭 만나서 상담을
해야 하나요?

99

　나는 단독목회를 하지 않고 특수목회를 한다. 평소에는 전
국에 있는 교회에 간증집회, 일일부흥회, 새생명축제, 말씀사
경회 등 말씀 증거를 하고 관공서 신우회를 비롯해 기독장교
회, 대학 동기들의 성경 공부를 인도한다. 또한 2003년부터
지금까지 교도소 사역을 지속적으로 하고 있으며, 축구를 비
롯한 각종 스포츠 선수들에게 말씀을 전하고 양육하는 사역도
하고 있다. 그리고 또 한 가지 중요한 사역은 내게 연락해 오
는 무속 관련자들이나 영적으로 문제가 있는 사람들을 대상으
로 한 상담사역이다.

　그러다 보니 전혀 알지 못하는 사람들과 전화 통화를 하게 되

고, 꼭 필요한 경우에는 만나서 상담을 할 때도 있다. 그 과정에서 전혀 생각지 못한 문제가 발생하기도 한다.

요즘 세상이 얼마나 무서운가? 강력범죄도 많이 일어나고, 성범죄도 흔하며, 자칫하다가는 성범죄를 뒤집어쓰기도 하는 세상이다. 게다가 '묻지 마' 사건들처럼 폭력성 있는 정신이상자를 만나야 할 때도 있다. 수십 년 동안 사역을 해오면서 사실 만나기가 두려운 사람들도 있었다. 나도 한 가정의 가장인데, 주님께서 주신 수명대로 건강하게 살아야 할 게 아닌가.

그래서 인터넷 검색으로 방탄복을 알아보았다. 총알까지는 아니어도 최소한 칼은 막아주는 조끼 같은 게 있을까 해서다. 팔다리는 다치더라도 몸통만 지키면 생명에는 지장이 없을 것 같아 칼이 뚫지 못하는 얇은 옷을 찾아보니 가격이 평균 80만 원 정도나 됐다. 요즘 같은 경제불황 시대에 방탄복에 80만 원이나 투자하는 건 무리다 싶어 포기했다. 그러고는 그냥 뚝 떨어져 앉아서 사람을 만나자고, 방탄복 살 돈으로 차라리 삼겹살이나 사 먹자고 마음먹었다.

방탄복을 포기하고 난 뒤에는 상담자들을 만날 때 주의해야 할 점을 나름대로 정리해보았다.

첫째, 상담자와 단독으로 만나는 것은 피한다. 상담자가 남자인 경우는 좀 덜하지만 여자라면 더 조심스럽기 마련이다. 그동안 전국에서 말씀 증거하고 방송 출연도 많이 해서 얼굴이 조금 알려져 있는데, 젊은 여자와 단둘이 앉아 이야기하는 것은 아무래도 불편했다. 혹시 전후사정을 알지도 못하고 박 목사가 젊은 여자와 카페에 다정히 앉아 있더라고 헛소문이라도 나면 낭패 아닌가.

그래서 상담을 올 때는 가능한 한 가족이나 지인과 같이 오라고 말한다. 함께 와서 상담할 때는 옆 테이블에 앉아 있어도 되니 그렇게 하는 것이 바람직하다.

둘째, 밀폐된 공간에서는 절대 만나지 않고 항상 공개된 넓은 장소에서 낮에 만난다. "사탄은 대적하고 음란은 피하라" 했으니 공개된 장소가 좋고, 이왕이면 평소에 몇 번이라도 가서 주인과 안면이 있는 찻집이 좋다.

통상 젊은 사람과 상담을 하면 울음을 터뜨리는 경우가 많다. 어린 시절부터 현재까지의 삶을 이야기하며 회한에 젖어들고, 아픈 상처를 이야기하다 보면 눈물이 나는 게 당연하다. 사실 내 입장에서는 이것도 매우 민망한 상황이다. 젊은 여자는 울

성도님, 왜?

면서 이야기하고 60대의 나는 진지한 표정으로 듣고 있는 모습을 상상해보라. 누가 봐도 내가 죽일 놈인 상황이다. 옆 테이블의 사람들, 지나가는 사람들이 힐긋힐긋 쳐다보면 나는 잘못도 없이 얼굴이 벌겋게 달아오르곤 한다. 평소에 자주 가던 곳이면 주인이 내가 목사라는 것과 상황 및 내용을 알고 있으니 그나마 덜 민망하다.

오래전 전라도의 어느 도시로 일일 부흥회를 하러 간 적이 있다. 오전 예배를 드리고 나서 저녁 예배 전에 모텔에서 쉬고 있는데 낯선 여자에게서 전화가 왔다. 상담할 게 있어서 오겠다고 했다. 나는 단호하게 거절했다. 남자 혼자 있는 숙소에 오면 안 되니 전화로 이야기하라고 해도 막무가내였다. 어디에 묵고 있는지 알려주면 곧장 오겠다는 것이다.

상대가 너무 적극적으로 나오니 오히려 내가 더 무서웠다. 보디발의 아내까지 떠올랐다. 나는 절대로 숙소를 알려줄 수 없으니 전화로 상담을 하든지 아니면 저녁 집회 전에 교회 사무실에서 보자고 했다.

그래서 저녁 예배 시작 두 시간 전에 교회 사무실에서 만났다. 그런데 수학 선생이라고 밝힌 그 여자는 다짜고짜 참 기가 찬 소리를 했다.

"제가 아직 시집은 가지 않았지만, 남자는 알아요. 목사님을 생각하면 남자가 떠올라요."

순간, 나는 벼락같이 소리를 질렀다.

"훠이~ 물러가라! 당장 돌아가요."

내 목소리에 놀라 교회 간사님들과 부목사님들이 쫓아왔다. 나는 아무 일도 아니라고 하고는 그 여자를 쫓아냈다.

숙소를 가르쳐주었더라면 정말 큰일 날 뻔한 사건이었다. 그 일을 겪고 난 뒤로는 내가 나 자신을 더 잘 지켜야겠다고 다짐했다.

또 한번은 경상도에서 40대 초반의 여집사가 상담할 게 있다며 전화를 걸어왔다. 무슨 일로 전화를 했느냐고 물으니 남편과 각방을 쓴다고 했다. 자기는 아직 젊은데 남편이 절대로 가까이 오지 않고 잠자리를 하지 않으니 어떻게 하면 좋겠느냐고 물었다.

'이런 경우 뭐라고 대답을 해야 할까?'

나는 잠깐 망설였다. 자칫 말 한마디라도 실수를 했다가는 상담은 커녕 성희롱 누명을 쓸 수도 있겠다는 위기감을 느꼈다. 순간 하나님 아버지께 지혜를 달라고 마음속으로 기도했다. 그러고는 이렇게 대답해주었다.

"집사님, 저는 성경말씀이나 영적인 문제는 상담을 할 수 있지만 성적인 문제는 잘 모릅니다. 그러니 정 상담을 받고 싶으시면 성전문가를 찾아보세요. 예전에 방송을 보니 구성애라는 분이 아주 전문적으로 잘하시는 것 같더군요. 방송국에 전화를 해서 연락처를 알아보세요."

그러고는 전화를 끊었다.

그런 일을 겪을 때마다 늘 예배, 말씀, 기도로 무장해 하나님께 영광을 돌리는 동시에 나 스스로를 잘 지켜나가야겠다고 생각했다.

셋째, 웬만하면 그냥 전화로 상담을 하라고 말한다. 직접 만나서 이야기를 하든 전화로 상담을 하든 도움을 주는 내용은 다르지 않으니 웬만하면 전화로 상담하고 만남은 되도록 조심스럽게 거절한다. 간혹 이야기를 하다가 정말 만나야 할 사람들은 만나기도 하지만, 그런 경우가 아니라면 굳이 차비 들이고 시간 내서 서울까지 올라올 필요가 없지 않은가.

게다가 정말 상담이 필요해서 만나자는 사람들은 그나마 참겠는데, 다른 이유로 만나자는 사람들은 좀 짜증이 난다. 심지어 사업상 도움이 될 것 같으니 만나자는 사람들도 있다. 프로 축구팀에 자기가 개발한 제품을 넣게 소개해달라, 유명 선수를 소개해달라, 조기 축구회에 프로팀을 한 번 데리고 와서 친선 경기를 해달라, 국가대표 팀닥터에게 소개해서 근육 관련 기계를 사용하게 해달라……. 내용도 참 다양하다.

물론 나는 언제나 단칼에 자른다.

"저는 복음을 전하는 사람이지 사업가가 아닙니다. 제가 선수들과 친분이 있다고 해도 그런 사업적 이야기를 하지는 않아요. 전화 끊겠습니다."

그런가 하면 특별한 이유도 없이 나를 만나려는 사람들도 있다. 그냥 유튜브에서 봤다고, TV에서 봤다고 한번 만나고 싶다는 것이다. 혹시 무슨 신령한 이야기라도 듣고 싶어서인가? 나는 연예인도 아니고 그저 평범한 사람인데, 그렇게 무작정 만나자고 하면 당연히 부담스러울 수밖에 없다. 그렇게 호기심에 무작정 만나자고 하는 사람에게는 "전화로 말씀하시지요" 하고 일단 거절한다.

사실 내게도 사역이 있고 개인 생활이 있는데 그 많은 사람을 다 만날 수는 없다. 그래서 거절을 하면 뭘 그리 바쁜 척하느냐고, 뭐가 그리 잘났느냐고 욕하고 전화를 끊는 사람도 지난 30년간의 사역 중에 몇 사람은 있었다. 그럴 때는 전화를 끊고 혼자 쓸쓸히 웃었다.

　지나고 보면 밀물처럼 다가오는 사람은 썰물처럼 떠나간다는 것을 알게 된다. 하루에도 몇 번씩 전화하고 카톡을 수도 없이 하던 사람은 언제 그랬냐는 듯 사라져버리고, 있는 듯 없는 듯 잔잔한 호수 같은 사람들이 오랫동안 내 곁에서 함께하고 있다. 그래서 나는 밀물은 싫어하고 호수를 좋아한다.

66

정말 제 안에
귀신이 없어요?

99

　나에게 상담을 하고 싶다고 연락하는 사람들 중에는 간간이, 정말 어쩌다 가끔 귀신 들린 사람들이 있다. 귀신 들렸다고 상담하러 오는 사람들 중 정말 귀신 들린 사람은 10명 중 1명꼴, 아니 그보다 확률이 낮다. 귀신 들리지 않았는데도 스스로 귀신 들렸다고 생각하는 이유는 뭘까? 나로서는 참 의아한 일이다. 대개는 기도 중에 뭔가 느껴지거나 들리는 듯하고, 주변 사람들이 영의 문제라고 하면 스스로 귀신 들렸다고 확신하게 되는 것 같다. 더욱이 교회에서도 사탄, 마귀가 틈탔다거나 어둠의 영이 작용한다고 하는 표현이 자주 나오니 본인의 입장에서는 얼마나 고민이 되겠는가?

성도님, 왜?

통상 우울증, 망상증, 리플리증후군, 공황장애 등의 증세를 귀신 들린 것으로 착각하는 경우가 많다. 이럴 때는 남몰래 고민하다가 은밀히 점을 보러 가기도 하는데, 그랬다가는 그 즉시 무당의 밥, 귀신의 밥이 되는 걸 피할 수 없다. 당연히 상태는 더욱더 나빠진다. 실제로 귀신이 느껴져서 신의 길을 가야 한다고 말하는 무당들도 있기는 하겠지만 우울증 환자, 망상증 환자한테 귀신의 작용이라고 거짓말 점을 보는 경우도 많다. 일단 굿을 시키면 돈이 들어오니 무당들이 거짓말을 하는 것이다.

이를테면 조상가물, 신가물이 끼어서 그런 경우가 있다. 그러면 무당은 신기가 있다, 굿을 해서 그 신가물을 잠재우지 않으면 점점 더 귀신들이 힘들게 할 거라고 겁을 준다. 또는 내림굿을 해서 신의 길을 가야 한다고 말한다. 귀신 들린 것과는 전혀 상관이 없어서 내림굿을 받지 말아야 하는 사람에게도 무조건 내림굿을 시키는 것이다. 그러면 이때부터 더 많은 귀신이 몸에 붙어 그 사람은 망가지기 시작한다. 내림굿은 달리 말하면 신의 세계에 발을 들여놓아 신과 동거하는 것이다. 그래서 내림굿을 받으면 그전보다 귀신을 떼어내기가 더 힘들어지는 것인데, 무당들은 그저 돈 욕심에 무조건 내림굿을 시킨다.

무당 세계의 룰에 따르면 정작 무당이 될 사람도 되지 않는 방법이 있다. 즉, 직업을 잘 선택해서 막아내는 것이다. 통상 귀신이 몸에 붙는, 다시 말해 귀신 들리는 초기에는 사람들을 피하게 되고, 혼자 있기를 좋아하며, 잠을 잘 자지 않는다. 무당이 되지 않으려면 그 반대의 길을 택하면 된다. 즉, 가능한 한 혼자 있지 말고 좋은 사람들과 만나서 이야기를 나누고, 낮에는 밖에 나가서 햇볕을 쬐며 산책도 하고, 밤에는 무조건 잠을 자는 것이다. 그러다 보면 점점 좋아지게 된다.

직업도 많은 사람을 대하는 직업을 선택하면 된다. 무당 세계에서는 "만중생 열입하면 신기를 막을 수 있다"는 말이 있다. 학교 선생님을 하거나 사람을 많이 대하는 장사 같은 것을 하거나 연예인을 해서 귀신 들리는 것을 막을 수 있다는 뜻이다. 물론 그와 함께 꼭 해야 할 일이 있다. 바로 예수님을 믿는 것이다. 예수님을 믿으며 예배드리고 말씀 읽고 기도하면 넉넉히 이겨낼 수 있다.

교회 집사였는데 귀신 들려서 무당이 되었다는 사람을 본 적이 있다. 그렇다면 이 사람은 어찌 된 걸까? 이 사람은 그저 교회를 설렁설렁 다녔기 때문이다. 흔한 표현 그대로 교회 잔디밭만 밟고 다닌 것이다. 예배드리고 말씀 읽고 기도해서 예수님이 내 안에 들어오시면, 쉽게 말해서 말씀이 내 안에 자리 잡으면 있던 귀신도 떠나가기 마련이다. 그런데 그냥 세월만 보내서 귀신이 틈타게 된 사례라 할 수 있다.

이것은 나를 보면 바로 알 수 있지 않은가? 내가 바로 산증인이다. 수많은 귀신이 내 안에 있었고, 그 나름대로 영력이 있었으며, 신의 세계에서 장래가 촉망되는 꿈나무였던 내가 예수님을 믿고 귀신들을 다 떼어내지 않았는가? 수많은 큰무당들이 3년 안에 피똥 싸며 죽게 된다고 나를 협박했지만, 나는 수십 년이 지나 이렇게 목사가 되기까지 아프기는커녕 건강하게 잘만 살고 있다.

거듭 말하는데 예수님 믿고 예배 잘 드리고, 말씀 읽고, 기도하는 것이 최고의 비법이고 진리다. 그런데 그것이 제대로 되지 않는 교인들 중에 어쩌다 귀신 들린 사람도 나올 수가 있다.

나는 귀신의 문제, 영적인 문제로 상담하러 오는 사람들을 많이 만나는데, 사람마다 성격도 제각각이다. 어느 날, 귀신을 너무나 무서워해서 벌벌 떨고 어쩔 줄 몰라 하는 여성 집사 F가 찾아왔다. F집사는 두려움에 사로잡힌 나머지 거의 숨이 넘어갈 지경이었다. F집사와 그 가족들은 나를 만나자마자 단도직입적으로 귀신 들린 게 맞느냐고 물었다.

난감했다. 이럴 때 나는 뭐라고 해야 하는가?

'목사는 거짓말을 하면 안 되는데… 정직해야 하는데……'

나는 잠깐 갈등하다가 어쩔 수 없이 거짓말을 했다.

"아니, 도대체 누가 귀신 들렸다고 그래요? 귀신 없습니다. 피곤하고 삶이 힘들어서 그런 거예요. 육체에 피로가 쌓이니까 정신까지 좀 약해진 것이지 귀신은 절대로 없습니다. 그러니 아무 걱정 하지 마세요."

"정말요? 정말 귀신이 없는 거예요? 그럼 한 번씩 느껴지고 보이는 건 뭐죠? 그게 또 아주 잘 맞아요. 저, 이러다 무당 해야 하는 거 아니에요? 절대로 그러고 싶지 않아요. 무당이 될 바에는 차라리 죽어버릴 거예요."

F집사의 말에는 간절함이 배어 있었다.

"한 번씩 보이고 느껴지는 게 맞는 것은 영적으로 예민해서입니다. 영적으로 예민한 건 좋은 거예요. 오히려 자랑스럽게 생각할 일이죠. 영적으로 둔한 것보다는 예민한 게 훨씬 좋습니다. 말씀으로 잘 양육되고 준비되면 영적으로 예민한 분들이 훨씬 더 하나님을 기쁘게 해드릴 수 있어요. 시냇가에 있는 짱돌과 진주를 비교해봅시다. 짱돌은 막 다루고 던져도 깨지지 않지만, 진주는 조금만 잘못 다뤄도 상처가 나고 깨지죠? 그럼 짱돌이 좋아요, 진주가 좋아요? 집사님은 어떤 걸 가지겠어요?" F집사는 당연히 진주를 가지겠다고 답했다.

그렇다. 둔한 것보다는 예민한 것이 좋고, 말씀으로 잘 훈련되면 더욱더 좋다.

그런데 F집사가 그래도 못 믿겠다는 듯 또 물었다.

"목사님, 정말 귀신이 없는 거죠? 아무래도 제 안에 있는 것 같은데……."

나는 더 단호하게 말해주었다.

"귀신은 정말 없습니다. 살면서 잠시 귀신이 틈타지 않는 사람은 아무도 없어요. 저도 조금만 게을러지면 귀신이 틈탑니다. 다른 사람들은 귀신이 잠시 틈타도 느끼지 못하는데, 집사님은 예민하기 때문에 그걸 느낄 수 있는 거예요. 하얀 옷을 입고 짬뽕을 먹으면 아무리 조심해도 국물이 옷에 튀지요? 그럼 그 옷은 어떻게 합니까? 잘 세탁해서 깨끗이 입지요. 이와 마찬가지로 우리 삶 속에 귀신이 틈타지 않을 수는 없지만, 그때 말씀으로 깨끗하게 하면 됩니다. 그러니 아무 걱정 하지 마세요."

나는 F집사에게 용기를 주어 돌려보냈다.

이렇게 마음이 약한 사람, 정말 귀신을 두려워하는 사람에게는 어쩔 수 없이 거짓말을 할 때가 있다. F집사 같은 이에게 귀

신 들린 게 맞다고 대답하면 그때부터 큰일이 난다. 두려움에
사로잡혀서 모든 것을 내려놓고 포기해버리는 것이다. 이런 상
태에서는 귀신을 떼어내기가 더욱 어려워지므로 용기를 주고
신앙의 기본을 잘 지키게 하며 격려해주는 것이 좋다. F집사는
결국 모든 귀신을 떼어내고 지금은 건강하게 신앙생활을 잘하
고 있다.

그런데 이와는 정반대의 경우도 있다. 귀신 들린 자신에 대해
당당하다 못해 아예 뻔뻔해 보이기까지 하는 사람이다. 이런 사
람은 오히려 귀신 들린 것을 즐기는 것처럼 보일 정도이며, 영
의 세계에 호기심이 많다. 그래서 귀신을 떼어내고 싶기도 한
반면 영력이 생기는 것이라며 굳이 떼어내고 싶지 않기도 하다.
이런 사람이 나에게 찾아오는 이유는 재미있기도 하고 내가 어
떤 반응을 보일지 궁금해서다.

나는 이런 사람을 절대 존중하지 않는다. 아니, 호통을 친다.
어디서 이렇게 더러운 귀신이 붙어서 돌아다니느냐고 야단도
치고 엄히 다스린다.

"당신 같은 사람 때문에 우리 주님의 이름이 욕되게 될까 봐
두렵습니다. 그렇게 당당하면 신앙생활 다 걷어치우고 무당이
나 하세요!"

일단 그렇게 기를 꺾고 나서는 차근차근 복음을 알려주고, 우리가 하나님을 잘 믿어야 하는 이유도 가르쳐준다. 귀신 세계가 얼마나 더럽고 음란하고 나쁘고 위험한지를 몰라서 그러는 것이니 어쩌겠는가? 이런 사람도 "천하보다 귀한 한 영혼"이니 잘 가르쳐서 하나님의 사람으로 만들어야 하지 않겠는가?

솔직히 상담을 하다 보면 이런저런 사람들로 인해 힘들 때가 많다. 그럼에도 불구하고 한 사람이라도 더 하나님께 인도한다고 생각하면 마음이 뿌듯하다. 그래서 힘들다고 하면서도 계속 상담을 하는 게 아닐까 싶다.

귀신 들린 게 아니라
정신병이에요

예전에 김포에 있는 교회로 집회를 인도하러 간 적이 있다. 그런데 어느 날 그 교회의 G담임목사님에게서 연락이 왔다.

"죄송하지만, 한 번만 시간을 내주십시오."

그래서 왜 그러시냐고 물었더니 G목사님이 조심스럽게 대답했다.

"저, 영적으로 좀 문제가 느껴지는 가정이 있어서 심방을 가려고 하는데, 같이 좀 가주셨으면 해서 연락을 드렸습니다."

나는 좀 의아했지만, 간곡한 부탁을 차마 거절할 수 없어 그러겠노라 대답했다.

며칠 뒤, G목사님을 만나서 어느 집으로 갔다. 그런데 집 앞

성도님, 왜?

에 도착하자 G목사님은 자꾸 내 뒤로 물러났다.

"저는 오늘 처음 뵙는 분들이니 목사님께서 앞장서시는 게 좋겠습니다."

내가 그렇게 권유하는데도 G목사님은 무조건 나에게 먼저 들어가라고 손짓을 하면서 자꾸 뒤로 물러나는 게 아닌가.

그래서 어쩔 수 없이 내가 앞장서서 벨을 눌렀고, 문이 열리는 순간 깜짝 놀랐다. 덩치가 산만 한 여성이 손에 칼을 들고 서 있는 게 아닌가. 엉겁결에 한 걸음 뒤로 물러섰는데, 안에서 어머니와 오빠가 얼른 나와서 칼을 빼앗고는 우리에게 들어오라고 인사를 했다. 나는 그제야 G목사님이 자꾸 뒤로 물러서면서 나를 앞세운 이유를 알 수 있었다.

집 안으로 들어가 일단 차를 한 잔 마시며 마음을 진정시키고 있는데, 그녀의 어머니가 내게 조심스럽게 물었다.

"저, 제 딸이 귀신 들린 게 맞나요?"

내가 느끼기에는 전혀 귀신이 없고 망상증 같았다. 하지만 즉시 대답하기는 조심스러워 일단 함께 예배를 드리자고 했다. 그래서 G목사님과 그 가정의 세 식구가 함께 예배를 드렸다. 소리 높여 찬송가를 부르고, G목사님이 간단히 말씀 증거를 하고 예배를 마쳤다.

그러고 나서 G목사님이 내게 안수기도를 하라고 했고, 당시 안수집사였던 나는 이를 정중히 사양했다.

"목사님이 계신데 제가 어떻게 안수기도를 하겠습니까?"

그런데 아무리 거절해도 G목사님은 계속 안수기도를 하라고 권했고, 어쩔 수 없이 나는 안수기도를 하게 되었다. 그녀는 체중이 많이 나가서 무릎을 꿇고 앉기는 어려울 듯해서(나중에 들으니 몸무게가 138킬로그램이라고 했다) 편히 앉으라고 한 뒤 머리에 손을 얹고 기도하기 시작했다.

최선을 다해, 정성을 다해 열심히 기도를 하는데 그녀가 중간 중간 "아멘!"을 외쳐댔다. 나는 기도 도중 아멘 소리가 들릴 때마다 가슴이 벅차올랐다.

'오늘 하나님께서 이 사람의 정신병을 완전히 낫게 해주시려나 보다.'

그런 설렘으로 더욱더 열심히 기도를 했고, 기도를 마친 뒤에는 잔뜩 기대를 하며 그녀를 바라보았다. 그런데 그녀가 장난감 전화기를 귀에 대더니 이렇게 말하는 게 아닌가.

"어이, 소련! 소련! 여기는 한국, 한국이다. 말하라!"

순간 얼마나 황당하던지……. 그녀는 귀신 들린 게 아니라 분명한 정신병이었던 것이다.

성도님, 왜?

놀라서 바라보니 그녀는 갑자기 눈물을 쏟기 시작했다.

"아이고, 여보! 어디 있다가 이제 왔소? 이제는 나를 두고 아무 데도 가면 안 돼요."

그러면서 갑자기 나를 부둥켜안고는 내 입술에 뽀뽀를 해댔다. 얼마나 힘이 세던지 나는 그녀를 밀쳐내지 못한 채 꼼짝없이 당할 수밖에 없었다. 결국 그녀의 어머니와 오빠, G목사님까지 달려들어서야 간신히 그녀를 내게서 떼어낼 수 있었다. 나는 도망치듯 그 집을 나와서 나를 쫓아오는 그녀를 피해 뜀박질을 해야 했다.

그날의 일은 지금 생각해도 어처구니없고 당황스럽다. 자, 이 사례에서 귀신 들린 사람과 정신병 걸린 사람의 차이를 알겠는가? 분명한 것은 행동과 언어의 차이다. 귀신 들린 사람은 산이나 강, 큰 나무를 보면서 절을 하거나 중얼중얼하기는 해도 일반인이 볼 때 이상하거나 비상식적인 행동은 하지 않는다. 단지 귀신이든 샤머니즘이든 토테미즘이든 이상한 종교를 믿는 것 같기는 해도 미쳐 보이지는 않는다. 이에 반해 이 사례의 여성은 누가 봐도 이상하지 않은가?

또 귀신 들린 사람은 자기 안에 누가 있는지, 무엇을 요구하는지를 안다. 그래서 남들이 보기에는 혼잣말을 하는 것 같아도 그 대상이 있기 마련이다. 그런데 정신병 걸린 사람은 막연히 "누가 내 안에 있는 것 같다"고 하거나 "누가 내 몸을 짓누른다"고 한다. 아프고 어지럽고 힘들다고 해서 누가 그러느냐고 물으면 전혀 알지 못하면서도 정작 본인은 귀신이 와서 그런다고 확신을 한다. 그래서 더 위험한 것이다.

이런 사람들이 교회 안에서 답을 얻지 못해 점을 보러 가게 되고, 정신병이 걸린 상태로 신굿을 하거나 귀신을 쫓아내는 굿을 하면 어떻게 되겠는가? 영적으로 혼란이 와서 치유가 힘들고 치유되는 데도 더 많은 시간이 필요하다.

성도님, 왜?

그렇기 때문에 귀신 들린 것인지 정신병인지 판단이 안 되고 헷갈릴 때는 정신건강의학과에 가서 진단을 받는 것이 먼저라고 생각한다. 무조건 영적인 문제라고 치부하지 말고 정신건강의학과에서 진단을 받은 뒤, 거기서도 답이 나오지 않으면 그때 다른 방법을 찾는 것이 좋다. 다른 방법이란 가정의학과, 내과 등에 가서 진료를 받고 한의원에도 가보고 해서 일단 몸에 병이 있는지 확인하면서 신앙생활을 하는 것이다. 이것이 최선의 방법이다. 무조건 병원에만 의존하지 않고, 무조건 영의 문제라고 치부하지 않고 동시에 해보는 것이 가장 정확하고도 빠른 치유 방법인 것이다.

　약 30년 동안 사역하면서 보니 영적인 문제라고 찾아오는 사람들 중 80~90퍼센트는 정신과적인 병이었고 실제로 귀신 들린 사람은 그리 많지 않았다. 그러니 주변에 조금 이상한 사람이 있더라도 무조건 영의 문제라거나 어둠의 세력이 사로잡고 있다고 생각지 말고 병원 치료와 신앙생활을 함께하도록 하는 것이 진정 돕는 길이다.

교회 터가
괜찮으냐고요?

초대를 받아 집회를 다니다 보니 전국 곳곳을 누비게 된다. 복음을 들고 산을 넘고 강을 건너고 제주도, 울릉도, 신안의 섬에까지 달려간다. 어느 날은 도시가 아닌 시골에서 열리는 집회에 초대를 받아 가게 되었다. 직선거리로 따지면 서울에서 대구 정도지만 굽이굽이 돌아가는 오지인 까닭에 시간이 훨씬 더 걸렸다.

시골의 작은 교회들이 연합으로 집회를 하는 것이어서 나는 더 열심히 말씀 증거를 했다. 그리고 나서 다과를 나누던 도중 한 사모님이 상담을 청해 왔다. 먹는 것보다는 상담이 더 중요한 만큼 얼른 일어나 따라 나갔다. 그런데 그 사모님이 자리에

성도님, 왜?

앉자마자 눈물을 흘리는 게 아닌가. 살짝 당황이 되었지만, 나는 눈물을 멈출 때까지 말없이 기다려주었다.

잠시 뒤 사모님이 입을 열었다.

"목사님, 저는 지금 암 말기예요. 제가 살 수 있을까요?"

나는 이렇게 대답했다.

"사람의 생명은 하나님께 속한 것이니 오직 하나님만이 아십니다. 제가 어떻게 그걸 알겠습니까?"

그러자 사모님은 안수기도를 해달라고 했다. 나는 안수기도를 하기 전에 그간의 삶은 어땠는지, 목사의 아내로서 많이 힘들지는 않았는지 물어보았다. 그러자 사모님은 눈물을 쏟으면서 속이야기를 털어놓았다.

남편이 너무나 밉다고 했다. 강대상에서는 거룩하게 말씀 증거를 하고 성도들과 남들에게는 항상 웃는 얼굴로 대하는데, 집에서는 가족들에게 화를 너무 많이 내고 못되게 군다는 것이었다. 아이들에게도 전혀 자상한 아빠가 아닐뿐더러 화가 나면 사모님에게 폭력도 행사했다고 한다.

"그게 다가 아니에요. 전에 이사할 때 방 입구가 좁아서 장롱이 들어가지 않으니까 곡괭이와 도끼로 장롱을 부수기까지 했답니다."

듣고 보니 참 기가 막힐 노릇이었다. 사모님은 자신이 암에 걸린 것도 남편에 대한 미움과 증오, 스트레스 때문이라고 굳게 믿고 있었다. 그래서 남편을 절대로 용서할 수 없고, 죽어서도 용서하지 않을 것이라고 말했다.

사모님의 이야기를 들으며 나는 가슴이 답답했다. 물론 목회가 쉬운 일은 아니다. 목사는 어떤 경우에도 참는 것이 생활화되어야 하기 때문이다. 나 역시 누구라도 내게 섭섭해하거나 화를 내면 내 잘못이 없더라도 일단은 사과부터 한다.

"다 제가 부족해서 그렇습니다. 많이 섭섭하셨을 텐데, 부디 용서하십시오. 제가 덕을 쌓기 위해 많이 노력하겠습니다."

이런 식으로 무조건 사과를 하고 인내하며 관계 회복을 위해 노력한다. 물론 그 시골 목사님도 그 나름의 고충이 있었을 것이다. 그 점은 충분히 이해하고도 남지만, 가족들에게 폭력을 쓰는 것은 분명 잘못이다. 흔히 밖에서 잘하는 사람이 집에서는 못한다고 하는데, 그 시골 목사님이 바로 그런 경우였다.

사실 부부간의 다툼은 한쪽만의 잘못으로 생기는 게 아닌 만큼 사모님도 일정 부분 잘못이 있으리라 생각했다. 하지만 마음의 상처가 깊고 암환자이기도 한 사모님의 하소연을 나는 한참 동안 잠자코 들어주었다. 어느 정도 이야기를 했다고 생각되는

성도님, 왜?

시점에서 나는 조용히 말했다.

"사모님, 저는 지금 안수기도를 해드릴 수 없습니다. 안수기도를 한다 해도 병이 낫지 않을 것입니다. 마음속에 이렇게 미움과 증오가 가득한데 하나님께서 그 기도를 받으시겠습니까? 물론 남편 목사님이 잘했다는 것은 결코 아니에요. 하지만 그럼에도 불구하고 용서하기 시작할 때 사모님의 암세포도 녹아내리고 회복될 수 있으리라 믿습니다. 아마 하나님께서도 사모님이 남편을 용서하기를 바라실 겁니다. 용서할 마음이 생기면 제게 연락을 주세요. 그러면 제가 다시 내려오겠습니다. 사모님, 그렇게 하실 수 있겠어요? 남편을 용서하세요. 그렇게 하셔야 합니다. 남편을 용서하려는 마음이 생기면 연락을 주세요. 제가 꼭 내려오겠습니다. 약속합니다."

사모님은 대답 대신 슬픈 사슴 같은 눈으로 나를 한참 바라보았다. 그러더니 이내 대답했다.

"네. 쉽지는 않겠지만 남편을 용서하기 위해 노력해보겠습니다, 목사님."

그렇게 이야기를 끝내고 다시 다과를 나누는 장소로 돌아왔는데, 남편 목사님이 궁금한지 물었다.

"무슨 상담을 하던가요?"

"하루빨리 병이 낫게 해달라고 기도를 드리고 왔습니다."

나는 그렇게 얼버무리고는 목사님을 바라보았다. 내 눈에도 미워 보였다.

'으이그! 지지리도 못나게 왜 아내를 때리는 거야?'

속으로 자기 욕을 하는 줄도 모르고 남편 목사님은 나중에 물어볼 게 있다고 했다. 그리고 그날 연합예배를 드린 교회의 목사님들이 다 돌아간 뒤, 남편 목사님이 궁금증을 털어놓았다.

"목사님, 정말 조심스러운 말씀인데요. 교회가 부흥이 잘 안 됩니다. 그래서 하는 말인데, 교회 터는 괜찮습니까? 지금 이 교회 자리가 운이 괜찮은지요? 저는 왠지 교회 터가 습하고 안 좋은 것 같습니다. 그래서 이번 기회에 읍내로 교회를 옮겨볼까 하는데 어떨까요?"

순간, 그 목사님을 때려주고 싶었다. 욕을 해주고 싶었다.

'나이도 나보다 한참 어린 것 같은데, 무슨 무당 같은 소리를 하는 거야?'

사모님의 눈물이 떠오르면서 이 철없는 목사가 더 한심스럽게 느껴졌다. 하지만 그렇다고 집회에서 처음 만난 사람에게 막말을 할 수도 없지 않은가.

나는 목사님과 시선을 마주치기가 싫어서 고개를 숙인 채 차

성도님, 왜?

분하게 말했다.

"목사님. 우리가 믿는 하나님은 왕이세요. 잠잠히 하나님을 바라보며 기도하고 또 열심히 영혼 구원을 위해 전도에 힘쓰면 교회는 서서히 부흥될 것입니다. 그저 믿고 열심히 하세요."

그 뒤 한 달쯤 지났을 때 그 시골 교회의 사모님에게서 전화가 왔다. 한결 밝아진 목소리를 들으니 나도 반가웠다.

"목사님, 이제 저는 남편을 용서하기 시작했어요. 마음속에서 미움이 점점 사라지고 오히려 남편이 측은해 보이네요. 그렇게 되니 제 마음이 편하고 컨디션도 좋아지는 것 같아요."

"네, 정말 반가운 소식입니다."

"그리고 목사님이 다시 안 오셔도 될 것 같아요. 제가 하나님께 살려달라고 열심히 기도할게요. 빨리 나아서 남편과 합심해 교회를 부흥시키겠습니다. 목사님도 기도해주세요."

사모님의 말에 나는 가슴이 먹먹해졌다. 이렇게 고마울 수가……. 부족한 내 말을 들어주고 남편을 용서하기까지 얼마나 갈등이 많았을까 생각하니 감사하면서도 한편으로는 안타까운 마음도 들었다.

그리고 사흘 뒤 그 사모님의 언니에게서 전화가 왔다. 사모님이 천국으로 갔다는 소식을 알려주기 위해서였다. 생의 마지막 순간에 환한 얼굴로 웃어주고 주님의 품으로 갔다는 이야기를 들으니 어느새 내 눈에서도 눈물이 흘러내렸다. 그리고 조금 후회가 되었다. 그때 사모님에게 안수기도를 그냥 해드렸으면 좋았을 것을 하는 생각 때문이다. 이것저것 따지지 말고 그냥 안수기도라도 해드렸으면 내 마음이 더 편했을 텐데…….

전화기를 내려놓고 나는 기도했다. 하나님께서 그 사모님을 더 이상 고통도 없고 아픔도 없고 근심도 없는 하늘나라 주님 곁에서 영생을 누리게 해주시기를.

성도님, 왜?

기독교인이 사모하는 은사

"

　성경에 보면 예수님은 하나님이시니 당연하지만 예수님의 제자들을 비롯해 집사들도 귀신을 쫓아내고 병을 낫게 하고 예언을 한다. 정말 멋지고 폼 나는 일이다. 우리가 사는 지금도 원인과 병명을 모르는 희귀병들이 많고 암환자들도 흔한데, 그리스도인들이 기도할 때마다 병이 즉시 낫는다면 얼마나 대단하고 폼 나고 좋은 일인가?

　그래서 우리 성도들은 그런 은사를 갖기를 원하고, 이를 위해 하나님께 죽기 살기로 매달려 기도하기도 한다. 그렇다면 성도들이 좋아하고 바라는 은사에는 어떤 것들이 있을까? 여러 가지 은사가 있지만 그중에서도 예언의 은사, 신유의 은사, 귀신을 쫓아내는 은사를 많이 사모하는 것 같다.

나는 성도들이 바라는 은사를 보면서 참 이상하다고 생각했다. 먼저 예언의 은사를 보자. 성도들이 말하는 예언은 사람의 길흉화복, 미래를 알아맞히는 것이지만 성경에서 말하는 예언은 그런 것이 아니다. 참된 예언은 목적이 분명해야 한다. 교회에 덕이 되고 하나님의 말씀을 대언하는 것이 바로 참된 예언이다.

그러므로 참된 예언은 첫째, 하나님의 말씀인 성경이고, 둘째, 목사님들을 비롯한 영적 리더들과 모든 기독교인들이 예수 그리스도를 증거하고 선포하는 것이며, 셋째, 신앙생활을 잘할 수 있도록 교인들이 서로 위로하고 권면하고 배려하는 것이다.

교회 안에서 "어느 집사님이 기도를 잘하고 영력이 있으니 가서 기도를 받자"고 하는 것은 언뜻 들으면 성경적인 것 같지만, 잘 살펴보면 "집사님한테 점 한번 보러 가자"는 것과 일맥상통한다. 이를테면 아들이 장가가야 하는데 사귀는 자매가 괜찮은지 물어본다. 또 남편 승진이 이번에는 되겠는지, 아이가 대학 시험에 합격하겠는지 기도를 받아보자고 한다. 그런가 하면 아파트를 지금 팔면 가장 좋은 가격에 파는 것인지 알기 위해 기도를 해보자고 한다. 이런 것들은 절대로 기도가 아니라 점이다. 하나님께서는 그런 기도를 받으러 가는 사람이나 기도하는 사람이나 동일하게 싫어하신다. 즉, 이런 행위는 하나님을 화나시게 하는 일이다.

기도는 지금 나의 삶, 나의 선택이 하나님의 뜻에 부합하는지를 알기 원해서 하는 것이다. 또한 하나님의 뜻에 따라 살겠다는 고백의 의미이자 그것이 무엇이든 하나님이 원하신다면 기쁨으로 따르겠다는 의미다. 소소한 앞날을 물어보는 것이 기도가 아니라는 말이다. 그런데 성도들이 기도에 대해서 잘못 알고 있어 많은 문제가 생기고 교회가 분열하게 되는 것이다.

기도를 한다는 분들, 이른바 예언을 한다는 분들이 통상 하는 말을 한번 떠올려보라.

"내가 기도해보니까 하나님은 저 권사님을 기뻐하지 않아."
"내가 기도해보니까 우리 교회 목사님은 영력이 없어."
"내가 기도해보니까 우리 교회는 지금 건축할 때가 아니야."
"내가 기도해보니까 저 집사님은 사탄 마귀가 들어와서 영적으로 이상한 거야."

이 얼마나 위험한 일인가? 우리가 신앙생활을 할 때 영적인 것을 추구하고 그 나름대로 영적인 사람들이 꼭 지켜야 하는 것은 바로 혀와 입술이다. 나쁜 것은 골방에서 은밀히 기도하고 좋은 일은 하나님께 영광을 돌려야 한다. 우리의 혀와 입술은 오직 주님의 이름을 높이고 하나님께 영광 돌리는 데만 사용해야 마땅하다.

내가 책을 내고 방송출연을 하고 전국에서 집회를 하니 곳곳에서 많은 사람이 연락을 해오는데, 그중에는 이상한 사람들도 있다. 즉, 나를 만나서 무슨 신령한 소리라도 들을까 해서, 앞날이 궁금해서 부득부득 찾아오겠다고 하는 사람들이다. 하지만 나는 어떤 경우에도 성경적인 이야기만 할 뿐 신령한 이야기는 하지 않는다. 간혹 영적으로 느낌이 올 때가 있지만, 그것이 신앙생활에 덕이 되지 않는다고 판단되면 절대로 입 밖에 내지 않는다. 그냥 힘내서 살자고 말하며 마무리한다. 주님 안에서 만난 우리는 우리를 구원해주신 예수님 이야기를 하며 함께 기뻐하고 행복해하는 것이 가장 바람직하기 때문이다.

다음으로, 신유의 은사에 대해 이야기해보자.

이는 정말 신중하게 접근해야 하는 문제다. 요즘 많은 사역자가 신유집회를 열고 아픈 환자들은 목숨을 걸고 신령한 집회, 능력 있는 집회를 찾아다닌다. 그런데 신유집회에 가면 아픈 몸이 나을까? 과연 몇 퍼센트나 치유의 기쁨을 누리게 될까?

내가 생각하기에 신유神癒, 즉 신의 힘으로 병이 낫는 것은 어떤 특정인으로 인해서 일어나는 일이 아니다. 하나님께서 일하셔야 암도 낫고 백혈병도 낫고 기적이 일어나는 것인데, 요즘에는 변질된 경우가 제법 많다.

"내 목소리를 들으니 나았다."
"내가 문자메시지를 보냈더니 암이 나았다."
"내가 기도하며 성령을 보내니 병이 낫게 되었다."

이런 이야기들이 과연 성경적일까? 성령을 보내다니, 성령님이 무슨 물건이라도 된단 말인가? 이런 말이 행해지는 곳에서는 하나님은 이미 사라지고 없다. 사람이 드러나고 사람이 영광을 받는 것이니 완전히 잘못이다.

오래전 제주도의 어느 교회에 집회를 간 적이 있다. 그 교회 담임목사님의 네 살쯤 되어 보이는 아들이 아주 귀엽고 예뻤다. 이유는 알 수 없었지만, 그냥 그 아이를 위해 기도하고 싶다는 마음이 들었다. 그래서 아이를 무릎에 앉히고는 가슴에 손을 얹고 간절히 기도했다.

"이 아이가 밝고 건강하고 지혜롭게 잘 자라게 하옵소서. 그래서 하나님께 영광 돌리는 사람으로 살아가게 하옵소서."

집회를 마치고 돌아온 다음 날, 그 제주도 교회 담임목사님에게서 전화가 왔다. 원래 아이가 천식이 있었는데 완전히 치유가 되었다는 게 아닌가. 사실 하나님께서 그 아이를 위해 기도하라고 무슨 특별한 말씀을 주신 것도 아니다. 그저 사랑의 마음으로 간절히 기도했는데 그런 역사가 일어난 것이다.

또 내가 목사가 되기 전 평신도일 때도 이와 비슷한 일이 있었다. 어느 집사님의 딸이 뇌암인데, 병원에서는 오래 살지 못한다고 했다고 한다. 그런데 그 집사님이 내게 전화를 했다.

"집사님, 제 딸을 위해 한 번만 안수기도를 해주세요. 부탁합니다."

나는 당황해서 그 집사님에게 말했다.

"아니, 무슨 말씀이세요? 저는 안수기도 같은 거 할 줄 모릅니다. 게다가 저는 목사도 장로도 아닌데요."

완곡히 거절했지만, 그 집사님은 물러서지 않았다.

"집사님, 낫지 않아도 상관없으니 그냥 한 번만 기도를 해주세요."

그 간절함에 나는 더 이상 거절을 할 수 없었다. 하지만 마음 속으로는 두려웠다.

'평신도가 무슨 안수기도를 해? 아, 나는 신유의 은사도 없는 데 어쩌지? 진짜 부담스럽네. 하지만 저렇게 간절하게 기도해 달라고 하시니 한 번만 해보자.'

그리고는 정말 신실하고 간절한 마음으로 기도를 했다. 그런 데 놀랍게도 그 아이의 뇌암이 나았다. 할렐루야!!

그때의 기적으로 나는 크게 놀랐다. 그런데 더 놀라운 것은 그 이후에도 그리고 목사가 된 뒤에도 암환자를 비롯해 수많은 분을 위해 기도했는데 기도할 때마다 다 낫지는 않았다는 사실 이다. 하나님께서 낫게 하셔야 낫는 것이다. 우리는 그저 사랑 의 마음으로 신실하게 기도할 뿐이고, 그다음은 하나님께 맡겨 야 한다.

우리가 사는 세계에는 신유의 은사가 있다는 유명한 사람들 이 참 많다. 그렇다면 그들이 병을 낫게 하는 걸까? 아니, 그들 은 하나님이 아니다. 그저 겸손한 마음으로 하나님께 구해야만 하는데 마치 자기가 병을 다 낫게 하는 것처럼 교만해지고 돈을 밝히다가는 끝내 망가지는 안타까운 사역자들이 정말 많다. 물론 신실하게 잘하는 사람들도 분명 있을 것이다. 나는 일반적으로 문제가 많다는 점을 말하는 것이다.

이러저러한 일을 수없이 겪으면서 내가 깨닫고 배운 게 있다. 절대로 예언, 신유에 집착해서는 안 된다는 것이다. 하나님의 말씀, 성경말씀만이 참된 예언이다. 말씀에 기록된 대로 사랑의 마음으로 지켜 행하면 역사와 기적은 하나님께서 일으키신다. 그러므로 은사는 사모하되 은사 가진 사람들을 함부로 찾아가는 것은 삼가야 한다.

신유의 은사는 우리 모두에게 있다. 그런데 기도할 때마다 다 낫게 되는 것이 아니라 우리가 정말 사랑의 마음으로 기도할 때 하나님께서 응답하시면 역사가 일어난다. 이것은 우리 믿는 사람들 모두에게 가능한 일이다. 그러니 그저 말씀 붙잡고 사랑의 마음으로 기도하기를 바란다.

또한 축사逐邪, 즉 귀신을 쫓아내는 은사는 굳이 찾을 필요가 없다. 신앙의 기본을 지키면 귀신은 저절로 나가게 되어 있다. 예배드리고 날마다 성경 읽고 기도하면 굳이 축사 행위를 하지 않아도 된다는 말이다. 하나님의 말씀, 즉 성경말씀이 내 안에 채워지면 해결된다. 물론 처음에는 성경을 읽기가 쉽지 않을 것이다. 일반인 가운데서도 책 읽는 게 습관화되지 않은 사람은 성경을 읽기가 쉽지 않은데, 귀신 들린 사람은 당연히 더 힘들 수밖에 없다. 때로는 어지럽고 머리가 아프고 눈이 핑핑 도는 것 같기도 하고 속이 메스꺼운 증상이 나타날 수도 있다. 하지만 처음부터 많이 읽으려 하지 말고 신약성경부터 하루에 20분씩이라도 읽어나가면 적응이 될 것이다.

이렇게 말씀을 읽고 들음으로써 예수님을 나의 구주, 나의 하나님으로 받아들이기 시작하면 만사가 해결되므로 축사를 하는 사람을 찾아다닐 필요가 없다. 교회를 정해서 지속적으로 출석하면서 담임목사님의 가르침을 따르면 귀신을 떼어내고 행복하고 건강하게 살 수 있다.

또 하나, 우리가 축사자들을 찾을 필요가 없는 이유는 우리는 누구나 예수님의 이름으로 귀신을 떼어낼 수 있기 때문이다.

> 믿는 자들에게는 이런 표적이 따르리니 곧 그들이 내 이름으로 귀신을 쫓아내며 새 방언을 말하며 뱀을 집어올리며 무슨 독을 마실지라도 해를 받지 아니하며 병든 사람에게 손을 얹은즉 나으리라 하시더라
>
> 마가복음 16장 17~18절

바로 이것이다. 이것이 진실이다. 우리 믿는 사람들은 사랑의 마음을 가지고 예수님의 이름으로 기도하면 귀신을 떼어낼 수가 있다. 이때 이왕이면 혼자 기도하는 것보다는 합심기도를 하는 것이 더 좋다. 나도 어쩌다 신유기도나 축사기도를 하게 되면 혼자 하는 것보다 그 자리에 있는 사람들과 합심기도 하는 것을 좋아한다.

혼자 하는 기도보다는 합심기도가 더 능력이 있기 때문이기도 하지만, 내가 합심기도를 좋아하는 또 다른 이유가 있다. 내가 어느 교회에 가서 집회를 마친 뒤 그 교회의 교인에게 안수기도를 했을 때 혹시라도 병이 낫거나 귀신이 떠나가면 그 교회의 목사님은 바보가 되고 나는 푼수가 된다. 기적은 하나님께서 함께하실 때 일어나는 것인데, 공교롭게도 내가 안수기도를 할 때 그런 일이 일어나면 그 교회 성도들이 담임목사님의 영력을 덜 믿게 되고 본의 아니게 나는 능력 있는 사람이 되고 만다. 이는 은혜롭지 못한 일이다.

그래서 나는 항상 그 자리에 있는 사람들에게 기도받을 사람의 몸에 손을 얹고 함께 기도할 것을 제안한다. 그러면 병이 낫든 귀신이 떠나가든 우리 모두의 기도가 응답받은 것이 되어 은혜롭지 못한 일을 미리 막을 수 있기 때문이다.

성경에 기록된 모든 기적과 표적은 다 사실이고 지금도 가능한 일이다. 하지만 우리는 지혜롭게 신앙생활을 해야 한다. 암을 낫게 하고 귀신을 쫓아내고 미래를 내다보는 것보다 더 중요한 것은 사랑과 화합이다. 그래서 신유, 축사, 예언을 찾기보다는 영분별의 은사, 지혜의 말씀의 은사, 지식의 은사, 섬김 봉사의 은사, 사랑의 은사를 찾는 게 더 먼저일 수도 있다는 것이다.

항상 말을 아끼고 조심하며, 서로 위로하고 격려해 힘을 줄 수 있도록 지혜를 구하자. 또 함께 주님의 이름을 높여드리는 아름다운 하나님의 사람이 되기 위해 노력하자.

목사인 죄로……

어느 날 전화벨이 울렸다. 어떤 남자가 술에 잔뜩 취해서 혀가 꼬부라진 상태로 전화를 한 것이다. 물론 모르는 사람이었다. 방송에서 나를 보고는 방송국으로 문의해서 전화번호를 알아냈다고 하면서 도와달라고 했다.

"무슨 일이신데요? 제가 어떻게 도와드릴까요?"

내 질문에 40대 초반의 그 남자가 답했다.

"저는 알코올중독자입니다. 저도 이제는 바르게 살고 싶어요. 목사님이 제가 술을 끊을 수 있게 좀 도와주세요."

그러고는 지금 당장 자기 집으로 와서 안수기도를 해달라고 졸라댔다. 황당했지만, 정중히 거절했다.

성도님, 왜?

"다음에 술을 안 먹은 상태로 다시 한번 전화를 주십시오."

상대가 별말 없이 전화를 끊어서 다행이다 싶었는데, 30분도 안 지나서 다시 전화가 왔다.

"제가 지금 소주를 열 병쯤 마셨습니다. 지금 당장 와서 기도해주지 않으면 전화를 끊자마자 자살을 해버릴 겁니다. 그러니 빨리 오시라고요."

정말 막무가내였다. 할 수 없이 그를 찾아가기로 했다. 지금 도와주지 않으면 당장 자살을 하겠다는데 안 가고 배기겠는가? 하지만 이것이 불행의 시작이었다.

마침 다른 스케줄이 잡혀 있었는데, 나는 양해를 구하고 그 스케줄을 취소했다. 그러고는 전화를 건 알코올중독자 H에게 주소를 확인하고 빵까지 사 들고 그의 집을 찾아갔다. 만나고 보니 H는 똑바로 앉지도 못할 만큼 잔뜩 취해 있었다. 일단 만났으니 잠시 이야기를 나누어보았지만, 술에 잔뜩 취한 상태에서 무슨 대화가 되겠는가. 기도하자고 해서 간신히 안수기도를 하고는, 술을 끊고 돌아오는 주일부터 예배를 드리라고 신신당부한 뒤 집으로 돌아왔다.

그날 밤, 새벽 3시쯤 H에게서 또 전화가 걸려왔다. 특별한 용건이 있는 것도 아니었다.

"지금 뭐 해요?"

나는 화가 좀 났지만, 지금 자던 중이고 조금이라도 더 자야
새벽기도를 가니 나중에 통화하자고 타이르고는 전화를 끊었
다. 그런데 다음 날부터 전화가 시도 때도 없이 걸려오기 시작
했다. H는 평균 하루에 여덟 번은 전화를 했다. 첫마디는 언제
나 똑같았다.

"지금 뭐 해요?"

거의 노이로제에 걸릴 지경이었다. 밤이고 낮이고 새벽이고
상관없이 H는 술에 취한 상태로 전화를 걸었다. 몇 날 며칠을
꾹 참으며 전화를 받아주었지만 더 이상은 견딜 수가 없었다.
결국 나는 차분하고 냉랭한 목소리로 H에게 말했다.

"전화를 해도 낮에만 하고, 또 술 취해서는 전화하지 마세요.
맨정신에 전화하지 않으면 받지 않을 겁니다."

그러자 H는 돌변하기 시작했다. 나이도 나보다 스무 살 정도
는 어린데 함부로 굴었다.

"야! 너, 내가 빌 게이츠라도 이렇게 대할 거야? 내가 대통령
이면, 큰 재벌이면 언제 전화를 해도 반갑게 받을 거 아냐? 이거
영 못된 놈이네? 방송에 나와서는 착한 사람인 척하더니만 이제
보니 완전 싸가지가 없네?"

어이가 없었다. H는 반말은 물론이고 욕설까지 해댔다. 다음에 통화하자고 하고는 전화를 끊었는데, 그때부터는 5분에 한 번씩 전화가 오기 시작했다. 나는 어쩔 수 없이 H의 번호를 수신차단 목록에 넣었다.

전화를 차단했더니 문자메시지로 욕을 해댔다. 그래서 이를 차단했더니 이번엔 카톡으로 욕을 하기 시작했다. 하지만 날이면 날마다 술에 취해 있는 사람과 싸울 수도 없지 않은가. 나는 가능한 한 모든 방법을 동원해 차단하고는 알코올의존자 사역을 주로 하시는 목사님을 만나보았다.

그간의 사정을 다 이야기한 뒤, 나는 이렇게 물었다.

"목사님은 이런 상황에서 어떻게 하십니까?"

그러자 그 목사님은 아주 간단하고 명쾌하게 답했다.

"방법 없어요. 그 정도로 심하면 알코올의존 치료 전문병원에 강제 입원을 시켜야죠."

나는 그제야 내가 모든 사역을 할 수 있는 게 아니고 사람마다 전문사역 분야가 따로 있다는 것을 확실히 알았다. 어쨌든 나는 알코올의존자 사역과는 거리가 있었다.

또 이런 일도 있었다. 어느 날, 연세가 많은 K권사님에게서 전화가 왔다. 남편과 헤어지고 자녀와도 사이가 나빠 인연을 끊고 사는 분이었다. K권사님 역시 방송을 보고 연락했다고 하면서 잠깐 통화할 수 있겠느냐고 물었다. 그러고는 그간 자신이 살아온 이야기를 시작했다. 여섯 살부터 69세인 현재에 이르기까지의 이야기를 쫙 풀어놓는데, 한 시간이 지나고 두 시간이 지나도 끝날 줄 몰랐다.

K권사님은 그렇게 무려 3시간 이상 자기 이야기를 했다. 나중에는 스마트폰이 뜨거워져서 거의 터질 것 같았다. 그렇게 첫 통화를 한 뒤로는 간간이 전화를 해서 기본 두 시간 이상은 이야기를 늘어놓았다. 사실 좀 힘들었지만 누님뻘인 데다 안타깝기도 해서 나도 간간이 성경말씀을 문자로 보내곤 했다.

어느 날, 밤늦게 전화가 왔다. 지금 아프니까 자기 집으로 와 달라는 것이었다. 시계를 보니 11시를 가리키고 있었다.

"어디가 편찮으신데요? 많이 안 좋으세요?"

"모르겠어요. 이렇게 기운이 없네요."

K권사님 집까지는 한 시간 이상이 걸렸고, 또 내가 의사도 아닌데 도움이 될 것 같지도 않았다.

"권사님, 많이 편찮으시면 빨리 119에 전화해서 도움을 받으시는 게 좋겠어요."

성도님, 왜?

그러자 K권사님은 필요 없다면서 전화를 뚝 끊어버렸다.

다음 날, 축구행사 진행으로 한창 바쁜데 또 전화가 왔다. 나는 행사 때문에 전화를 받을 수 없으니 나중에 통화하자고 문자메시지를 보냈다. 그러고는 며칠 뒤 성경말씀을 보냈더니 냉정한 답이 왔다.

"아프다고 해도 오지도 않고 전화도 안 받으면서 문자는 왜 보내요? 앞으로 연락하지 마세요."

황당했다. 당연히 행사 중에는 전화를 받을 수 없는 것이고, 또 아프면 병원에 가야지 내가 그 밤에 꼭 가야 할 의무가 있는 것도 아닌데 왜 이런 대우를 받아야 하나 싶기도 했다. 그래도 목사인 죄로 화해의 문자메시지를 보냈다.

"행사 때문에 전화를 못 받았는데, 섭섭하셨다면 용서하세요."

그랬더니 더 황당한 답이 왔다.

"연락하지 말라는데 왜 문자를 보내요? 지금부터 차단합니다."

그렇게 K권사님과의 인연은 끝이 났다.

'그래, 내가 더 노력하고 내가 더 인내하자.'

나는 하늘을 바라보며 웃어넘겼다.

꼭 지금 죽어야겠어요?

어느 날, 고등학교 3학년 남학생 L에게서 전화가 왔다. L은 처음부터 깜짝 놀랄 만한 이야기를 꺼냈다.

"목사님, 사는 게 재미가 없어요. 늘 아프고 힘들기만 해요. 그래서 이제 그만 살려고 해요. 지금 넥타이로 목을 매달려고 하는데, 죽기 전에 그냥 목사님하고 통화나 한번 해보고 싶었어요."

나는 황당하고 의아했다.

'이 학생은 왜 전혀 모르는 사람인 나와 죽기 전 마지막 통화를 하고 싶었을까?'

내 가까운 친구 중에도 목을 매서 죽은 친구가 둘 있고, 심장마비로 죽은 친구도 있고, 암으로 죽은 친구들도 있다. 그래서 나는 주변 사람의 죽음에 민감한 편이다. 더욱이 내가 너무나 사랑하는 어머니, 아버지도 암으로 돌아가셔서 한동안 그 아픔에서 벗어나지 못하고 고통 속에 있었기에 민감할 수밖에 없다. 그런데 자살하겠다는 사람의 전화를 받았으니 얼마나 충격이 컸던지…….

나는 간신히 마음을 추스르고 L과의 대화를 시작했다.

뭐가 그렇게 힘들었느냐고 물었더니 공부도 힘들고, 부모님의 기대에 미치지 못해 힘들고, 몸도 늘 아파 힘들다고 했다. 그렇게 즐거운 게 하나도 없어서 그만 생을 놓으려고 한다는 것이다.

나는 최대한 잔잔한 목소리로 따뜻하게 말을 건넸다.

"그래, 정말 많이 힘들겠네요. 그런데 꼭 지금 죽어야 해요? 죽는 것을 하루 이틀 늦추면 안 될까요?"

L은 궁금한 목소리로 물었다.

"왜요, 목사님? 지금 당장 죽는 거나 며칠 뒤 죽는 거나 마찬가지잖아요."

나는 궁금한 게 있는데 그에 대한 답을 해주고 난 다음에 죽어도 괜찮지 않겠느냐고 답한 뒤 말을 이어갔다.

"지금까지 살면서 늘 아프고 재미없고 지루한 데다 미래가 불확실하니 겁나는 건 당연한 일이에요. 나도 대학입시를 앞둔 고등학생 때 정말 많이 힘들었거든요. 항상 잠은 부족하고 몸도 피곤한데 공부한 만큼 성적이 잘 오르지도 않으니 얼마나 힘이 들어요?"

L은 정말 힘들다고, 너무 힘들다고 대답했다. 나는 질문을 계속했다.

"지금까지 살면서 가장 신나고 즐거웠던 일이 무엇인지 내일까지 생각해보고 전화해줘요. 내일 다시 통화하자고요."

그렇게 전화를 끊은 뒤 나는 정말 열심히 기도했다. 사는 게 얼마나 힘들었으면 스물도 안 된 청년이 죽을 생각까지 했을까 생각하니 몹시 안타까웠다.

"하나님 아버지, 이 학생의 마음을 붙들어주셔서 다시 힘을 내서 살아갈 수 있도록 도와주시옵소서."

밤늦게까지 잠을 이루지 못한 채 열심히 기도하다가 어느 순간 잠이 들었는데, 눈을 떠보니 아침이었다. 나는 두렵고 떨리는 마음으로 L의 전화를 기다렸다. L은 점심시간이 지나서야 다시 연락을 해왔다.

마음속으로 하나님께 기도하면서 L과의 대화를 시작했다.

"목사님, 살면서 즐거웠던 게 하나도 없는 것 같았는데, 생각해보니 제법 여러 개가 있었어요. 어릴 때 사촌들하고 같이 축구하고 수영장도 가고 하면서 놀았을 때 정말 신나고 즐거웠어요."

"그래, 정말 재미있었겠네? 축구를 잘하나 봐?"

나는 친근하게 말을 놓았다.

"잘하지는 못해도 좋아하긴 하죠."

"멋지다. 남자한테는 축구가 제일이지. 축구 잘하면 진짜 폼 나잖아. 학생도 친구들한테 인기 많겠는데?"

L은 신나게 이야기를 했다. 친구들과 축구하며 놀았던 이야기를 한참 하는 동안 언제 자살을 생각했나 싶을 정도로 목소리가 밝아졌다.

"학생은 인기도 많고, 함께 운동할 사촌도 있고, 수영장도 갈 수 있었잖아? 그리고 대학 가려고 공부도 할 수 있으니 복이 많네. 어떤 사람들은 부모님이 없어서 공부를 하고 싶어도 10대 때부터 돈을 벌어야 하는데 말이지. 게다가 조금만 참고 공부하면 대학 가서 예쁜 여학생들하고 미팅도 하고 얼마나 신나겠어? 그전에 재미있던 것보다 천 배는 더 좋을걸? 그러니 조금만 참아봐. 공부를 잘해서 일류대학에 가면 좋겠지만, 그것만이 방법은 아니야. 자기한테 맞는 대학에 가서 하고 싶은 공부도 하고 그쪽으로 직업을 선택하면 되니까. 자, 할 수 있겠지? 이제 몇 달만 참으면 돼. 군대 갔다고 생각하고 공부해보는 거야."

하지만 L은 선뜻 답을 하지 못한 채 머뭇거렸다.

"대학 가서 머리 기르고 멋진 옷 입고 예쁜 여자애들하고 미팅하고 놀러 다니는 모습을 상상해봐. 그러면 그깟 몇 달을 못 참겠어? 그리고 지금 죽어서 지옥에 가게 되면 여기서 겪은 고통보다 천 배, 만 배는 더 힘들 거야. 그럼 어느 쪽을 선택해야겠어? 옛말에 개똥밭에 굴러도 저승보다는 이승이 낫다는 말이 있어. 왜 그런 말이 나왔겠어? 살아 있다는 건 그만큼 좋은 거야. 그러니 힘내서 살아보자고! 힘들 때마다 나한테 전화하는 것도 잊지 말고. 또 나를 찾아오면 맛있는 거 사줄 테니 필요하면 찾아오고. 자, 어때?"

마침내 나는 L에게서 약속을 받아냈다. L은 다시는 자살 생각을 안 하고 열심히 공부해서 대학에 들어가도록 노력하겠다고 자기 입으로 약속했다.

그 뒤로도 간간이 전화가 왔고, L은 결국 대학에 합격했다. 드럼 전공으로 음악대학에 진학한 것이다. 할렐루야!

L은 과거에 자살을 한 번도 생각해보지 않은 사람처럼 아주

밝고 씩씩하게 잘 살아간다고 했다. 그런데 시간을 내서 찾아오겠다고 약속해놓고는 수년이 지나도록 연락 한 번 없다.

나는 그저 혼자 빙그레 웃는다.

'그래, 잘 살고 있으면 그만이지 안 오면 어때?'

죽고 사는 문제는 우리가 절대로 쉽게 생각하면 안 된다. 왜냐하면 생명은 내 것이 아니기 때문이다. 분명 생명은 하나님의 것이기에 우리는 열심히 신앙생활을 하고 사회생활도 해서 이 시대에 꼭 필요한 사람이 되어야 하며, 하나님을 기쁘게 해드려야 한다.

삶은 등산과도 같다. 오르막길이 있으면 내리막길도 분명 있다. 능선이 있으면 계곡이 있다. 살아가는 일이 언제나 기쁘고 행복할 수는 없다. 즐거움이 있으면 괴로움도 있기 마련이다.

나는 옛말 중에 "물 좋고 정자 좋은 곳 없다"는 말을 자주 생각한다. 정자는 산등성이에 있다. 높고 좋은 위치에 자리 잡고 있어서 사방으로 경치도 보이고 시원함도 만끽할 수 있다. 하지만 정자가 아무리 좋아도 산꼭대기에서 바다, 호수같이 멋진 물의 정취를 느낄 수는 없는 법이다. 좋은 점이 있으면 나쁜 점도 늘 공존한다. 그것이 인생이다.

성도님, 왜?

살아가면서 기쁘고 좋은 일이 있을 때는 하나님을 찬양하고 하나님께 영광을 돌리자. 그리고 힘든 일이 생기면 잠잠히 하나님을 바라보며 기도하자. 그것이 기독교인의 삶이다.

감동을 선물한 청년

오래전 유튜브를 통해 나를 알게 되었다면서 한 대학생 청년에게서 전화가 왔다. 청년은 신앙생활을 어떻게 해야 하는지, 어떤 교회를 선택해서 다녀야 하는지 조심스럽게 물었다. 전혀 모르는 사이인 데다 전화로는 자세한 이야기를 하기 어려워서 일단 간단히 대답을 해주었다.

먼저 신앙생활에 대해서는 기본을 잘 지키는 것이 중요하다고 말했다. 예배를 잘 드리고 날마다 성경말씀을 읽고 기도하는 것이 신앙생활의 기본이며, 삶 속에서 주님의 사랑을 실천하는 것이 우선이라고 대답했다. 또 아무리 놀라운 은사를 가졌다고 해도 사랑이 없으면 그것은 실패한 신앙이며, 성경 지식은 많은

성도님, 왜?

데 늘 불평불만이 가득하면 잘못된 것이라고 설명해주었다. 그리고 가장 성공한 신앙생활은 늘 감사할 줄 알고 나보다 어렵고 힘든 사람들을 대할 때 긍휼히 여기는 마음을 가지는 것이라고 덧붙였다.

교회를 선택하는 방법에 대해서는 한마디로 대답하기가 어려워 일단 머릿속에 떠오르는 대로 이야기를 했다.

"설교는 설교자가 성령님의 도움으로 예수 그리스도를 증거함으로써 성도들에게 하나님을 경험하게 하는 거예요. 그래서 교회를 선택할 때는 목회자의 설교를 듣고 판단하는 것이 가장 중요하다고 생각해요. 교회의 규모를 먼저 보거나 이벤트 또는 행사를 멋지게 잘하는 것을 보지 말고, 목사님이 예수 그리스도 중심으로 설교를 하는지 그것을 가장 먼저 봐야 합니다. 그냥 재미있고 유머러스하거나 TV에 나오는 유명한 목사가 있다고 해서 선택하면 안 되고요. 일단 주변에 있는 교회를 몇 군데 가보고 나서 지혜롭게 잘 선택하세요."

그렇게 정성껏 정리해서 대답을 해주었더니 청년이 무척 고마워하며 말했다.

"목사님, 이렇게 상담을 잘해주셨는데 저는 지금 대학생이라서 헌금을 할 수가 없어요. 그 대신 졸업하고 취직을 하게 되면 한 달에 만 원씩 후원을 하겠습니다. 교도소 사역이나 스포츠 사역을 하시는 데 조금이라도 도움이 되고 싶어요."

사실 헌금이나 후원에 대해서는 말도 꺼내지 않았는데 그렇게 솔직히 말하는 것을 보니 청년이 더 순수하고 정직해 보여서 마음에 들었다.

몇 년 뒤, 나는 여전히 열심히 사역을 해나갔고 그 청년의 일은 까맣게 잊고 지냈다. 그런데 어느 날 그 청년에게서 다시 연락이 왔다. 잊고 지내던 차에 전화를 받으니 정말 반갑고 기뻤다. 우리는 서로의 안부를 묻고 정겨운 대화를 시작했다.

"목사님, 저 대학 졸업하고 취직했어요. 약속드린 대로 다음 달부터 후원을 시작하겠습니다."

와! 몇 년 전에 한 약속을 잊지 않고 있다가 후원을 할 여건이 갖춰지자 연락을 한 것이다. 약속을 소중히 생각하는 청년이 기특하기도 하고 고맙고 기뻤다.

사실 그동안 내가 사역을 해오면서 사람들이 나에게 해주겠다고 했던 것들을 다 지켰다면 아무 걱정 없이 넉넉히 사역을 진행할 수 있었을 것이다. 하지만 약속을 지키는 사람들이 별로 많지 않았던 까닭에 나는 그 약속에 기대지 않고 부족한 가운데서도 교도소 사역을 하고 보육원 행사와 축구 행사, 선교지 후원 등을 해왔다. 그런 상황에서 자신이 한 약속을 지키기 위해 전화한 청년에게 나는 큰 감동을 받았다. 정말 감사한 일이었다.

그렇게 시작된 청년의 후원은 감사하게도 수년간 지속되었다. 그리고 어느 날 또 전화가 왔다.

"목사님, 제가 그동안 조금씩 절약해서 모은 돈이 300만 원이 됐어요. 이 돈을 어떻게 쓰면 좋을까 하다가 목사님이 생각나서 전화했습니다. 전국에 말씀 증거를 하러 다니시니 사정이 어려운 교회를 많이 아실 테니까요."

또 한 번 감동이 밀려왔다. 서른 즈음의 나이에 이런 생각을 한다는 게 어디 예삿일인가? 나는 며칠 기도해보고 알려주기로 하고 전화를 끊었다.

정말 필요한 곳에 귀하게 쓰일 방법을 놓고 기도한 끝에 한 곳에 다 보내기보다는 50만 원씩 여섯 곳에 보내는 게 좋겠다는 데 생각이 미쳤다. 청년은 나의 제안을 기꺼이 받아들였다. 그래서 나는 경상도·전라도·강원도·충청도의 교회와 교도소 및 노숙자 사역을 하는 분의 전화번호를 알려주고는 청년이 직접 후원하게 했다.

대기업에 다닌다고, 사장이라고, 외제차 타고 다닌다고 자랑하는 사람들이여. 이 청년을 보고 부끄럽지 않은가? 이런 청년이 진정 하나님의 사람인 것이다. 내 것이 귀하지 않은 사람이 어디 있는가? 다들 힘든 가운데서도 아끼고 절약해서 하나님이 기뻐하시는 사역에 동역하고 후원한다. 이 얼마나 아름다운 일인가.

아직 미혼인 이 청년은 내게 어떤 여자를 만나야 하는지에 대해서도 물어왔다. 요즘 젊은 사람들은 무조건 예쁜 여자를 찾기 마련인데, 나는 그와는 다른 대답을 해주었다.

"아무리 아름답다고 해도 석 달 정도 살다 보면 다 똑같은 여자일 뿐이에요. 그냥 연애만 한다면 같이 다닐 때 예쁜 여자가 더 폼 나고 좋겠지만, 평생을 함께할 아내는 다른 기준으로 봐야 합니다. 첫째는 신앙이 있는 여자, 둘째는 착하고 지혜로운 여자, 셋째는 건강한 여자를 찾으세요. 하긴 요즘엔 신앙생활을 잘하는 청년을 찾기가 어려우니 당장은 하나님을 믿지 않더라도 함께 신앙생활을 할 가능성이 있으면 확인을 해보고 만나도 좋아요. 하지만 결사적으로 하나님을 거부하고 믿지 않겠다는 사람이라면 아무리 다른 조건이 좋아도 그냥 떠나보내야 합니다."

이 청년은 마치 스펀지 같았다. 물을 쭉 빨아들이는 스펀지

처럼 신앙에 대한 권면이든 삶에 대한 권면이든 가르침을 잘 받아들였다. 그래서 상담을 해주어도 기분이 좋고, 그냥 일상적인 대화를 해도 나까지 순수해지는 것 같아 참 좋았다. 나는 하나님께서 이 청년에게 복을 내려주셔서 주님 안에서 늘 평안하고 강건하기를 기도했다.

이 청년은 요즘 한 자매를 만나서 잘 교제하고 있다. 그리고 자기 일을 워낙 성실히 하는 까닭에 다들 어렵다고 하는 이 경제위기도 지혜롭게 잘 헤쳐나가고 있다. 모든 것이 그저 감사할 뿐이다.

결혼식장에서 하나님 얘기
하지 말라고요?

아름다운 새 생명이 태어나 부모님 슬하에서 잘 자라 청년이 되면 결혼을 하게 된다. 그전까지만 해도 비교적 순종적이었던 자녀는 결혼할 때가 되면 부모님과의 관계가 불편해지기도 한다. 결혼 상대를 선택하는 문제를 비롯해서 결혼 절차, 혼수 문제, 결혼식 장소, 결혼 방법 등으로 인해 언성이 높아지기도 하고 부모 자식 관계가 나빠지기도 하는 것이다. 결혼은 성인이 된 남녀가 사랑으로 결합해 새 출발을 한다는 데 가장 큰 의미를 두고 지혜롭게 대화하면 되는데, 여기에 사람의 욕심이 더해지면서부터 불편해진다.

특히 기독교인들은 결혼식 문제, 즉 결혼식 장소와 예식 방법을 두고 갈등을 빚는 경우가 많다. 양가가 다 교인인 경우는 화기애애한 분위기에서 결혼식 장소를 교회로 정하기도 하지만, 이 역시 만만치 않다. 요즘 대형 교회들은 성도가 10만 명이 넘는 경우도 있는데, 이런 대형 교회를 섬기다 보면 자녀가 결혼할 때 본교회에서 결혼식을 올리기가 쉽지 않다. 수많은 성도의 결혼 예식 신청이 줄을 잇기 때문이다. 그래서 통상 1년 전에 예약을 하는데, 그 역시 서로 원하는 날짜가 있어서 어쩔 수 없이 제비뽑기로 결정하기도 한다. 그러다 보니 결혼 당사자인 신랑 신부의 형편과 사정에 따르는 것이 아니라 교회의 스케줄에 맞춰 준비해야 하는 어려움도 발생한다.

그래도 이것은 양가의 종교가 다를 때 생기는 문제에 비하면 약과다. 사랑하는 사람을 만나서 결혼하는데, 한쪽은 교회에서 예식을 하자고 하고 다른 쪽은 교회는 싫으니 일반 예식장이나 호텔에서 하자고 한다. 이럴 경우 대부분 교회에서의 예식을 포기한다. 좋은 게 좋은 거라고, 어디서 하든 결혼식 올리고 잘 살면 그만 아니냐고 하면서.

어쨌든 결혼식 장소가 결정되면 그다음에는 어떤 방식으로 예식을 올릴지를 두고 또 한 번 논쟁이 벌어진다. 목사님을 모시고 기독교식으로 하자는 쪽과 기독교식은 싫다는 쪽이 팽팽

하게 맞서는 것이다. 이 문제는 서로의 자존심 싸움으로 비화되기 십상이다. 서로 대화를 통해 양보하면서 예식 방법을 정하면 되는데, 양가 어른들이 양보를 하지 않아 결론이 안 날 때는 아예 새로운 방법을 선택하기도 한다. 이를테면 신랑 신부가 주례 없이 친구들과 함께 축제 형식, 파티 형식으로 결혼식을 하는 것이다.

나에게는 아주 오래된 친구가 있다. 그도 나와 같은 대한민국 육군 장교 출신으로 현재는 목회를 하고 있다. 이 친구가 며느리를 보게 되었는데, 며느리 될 사람의 집안이 하나님을 믿지 않아 역시 문제가 생겼다. 성품이 좋은 내 친구는 아들과 의논해가며 결혼 준비를 잘해나갔는데, 역시 종교 문제로 의견 충돌이 생겼다.

양가의 종교가 다르다 보니 주례 없이 축제 형식으로 예식을 치르고, 주례가 없는 대신 양가 부모님의 덕담을 순서에 넣기로 했다. 그런데 여기서 문제가 발생했다.

"아버지, 양가의 종교가 다르니 덕담을 하실 때 절대로 하나님 이야기를 하지 말아주세요."

아들의 신신당부에 내 친구는 가슴이 찢어지는 아픔을 느꼈다고 한다. 목사가 어떻게 하나님 이야기를 빼놓고 이야기하겠는가. 정성껏 키운 아들의 결혼식에서 주님의 이름으로 축복하고 싶은 것은 당연지사가 아닌가. 친구는 고민 끝에 나를 찾아왔다. 이럴 때는 어떻게 하는 게 좋겠느냐고.

문제는 친구 목사 쪽 하객들이다. 목사님들을 비롯해 장로, 권사, 집사 등 성도들이 많이 올 텐데 목사님이 하나님 이야기를 하지 않으면 시험거리가 될 게 뻔했다. 분명 무슨 목사가 저러냐는 이야기가 나올 것이다. 이것은 당연히 벌어질 일이고, 두고두고 마음에 응어리로 남을 터였다.

한편, 며느리 집안은 독실한 불교, 유교 쪽이라고 하니 하나님 이야기를 하면 집안 어른들이 한 소리를 할 것이고, 분위기가 편치 않으리라는 것은 예상하고도 남았다. 물론 결혼 이야기가 나왔을 때 결혼 후에는 남편을 따라 예수님을 믿기로 약속이 되어 있었겠지만, 결혼식장에서는 하나님 이야기를 하지 말아달라는 것이 신부 측의 요구였다.

나는 친구의 이야기를 듣고 한참을 고민했다. 친구는 한숨만 내쉬고 있었다. 마침내 나는 아이디어를 떠올렸다.

"10초 이내로 덕담을 합시다!"

내 말에 친구가 깜짝 놀라며 물었다.

"아니, 무슨 덕담을 10초 안에 한다는 거요?"

"어차피 결혼식 덕담은 아들 며느리가 잘살기를 바라는 마음
으로 하는 거잖소. 그러니 예식 당일 서로 얼굴 붉히는 일 없도
록 지혜롭게 합시다."

친구는 선뜻 이해가 안 되는지 대답 없이 내 얼굴만 바라보
았다.

나는 우리가 육군 소위로 임관해 광주보병학교에서 훈련받고
자대배치를 받아 처음 부임인사를 했을 때처럼 굵고 짧게, 임팩
트 있게 축복하면 된다고 말했다.

성도님, 왜?

그러고는 덕담 내용도 알려주었다.

"반갑습니다. 오늘 이렇게 경사스럽고 복된 날에 제가 굵고 짧게 한마디하겠습니다. 건강하고 행복하게 잘살자. 이상 끝! 자, 모두 박수!"

그렇게 큰 목소리로 이야기하고는 박수치며 내려올 것을 친구에게 권했다.

결혼 준비로 예식 준비로 신랑 신부를 비롯한 양가 친척들과 하객들이 모두 피곤한 상태일 테니 이렇게 짧게 덕담을 끝내면 신랑 신부의 친구들도 멋지고 폼 난다고 좋아할 게 분명했다. 또한 그렇게 짧게 마치고 내려오면 어느 누구도 하나님 이야기를 왜 하지 않았느냐고 비판하지 않을 것이고, 오히려 빨리 끝내고 식사할 수 있으니 모두 좋아할 것이다. 아울러 신랑 아버지가 덕담을 간결하게 하면 당연히 신부 아버지도 짧게 할 것이니 서로 만족하며 예식을 마칠 수 있을 것이다.

친구는 내 설명을 듣고는 고개를 갸웃하더니 아내와 의논해보겠다고 했다. 그리고 의논 끝에 내 말대로 하기로 했다고 연락이 왔다. 물론 아들도 대만족이라고 했다.

살아가는 동안 우리의 가장 큰 사명은 복음을 전하는 것이다.

그런데 때로는 조금 늦어지더라도 지혜롭게 하는 것이 더 은혜로울 수 있다는 것을 나는 그간의 경험을 통해 알 수 있었다. 전도도 마찬가지다. 급한 마음에 무조건 밀어붙이면 오히려 전도가 어려워지고 관계만 나빠진다. 정성을 들이면서 지혜롭게 전도할 때 더 좋은 열매를 기대할 수 있다.

내 생각에 좋은 대로, 내 방법대로, 내가 원하는 때로만 생각지 말고 상대방의 입장과 상황을 잘 살피면서 전도하는 지혜를 발휘해보자. 기다림도 아름다운 전도의 한 방법이라는 것을 기억하자.

오직 하나님만 바라보며 인내를 가지고 복음을 전파할 때 우리는 가장 아름다운 열매를 맺을 수 있다.

이런 사람은 새벽기도,
철야기도 가지 마세요

신앙인이라면 누구나 기도에 대해 많이 생각한다. 또 기도를 많이 해서 하나님께 복 받기를 간절히 원한다. 그런데 그 기도의 방법과 목적이 사람에 따라 다르다는 데 문제가 있다.

보통 사람들이 생각하는 기도는 무엇일까? 대개는 자신이 간절히 원하는 것이 이루어지기를 바라며 기도하는데, 그 간절함이 클수록 더 열심히 기도하고 더 많은 시간을 들여 기도한다. 그래서 평소에는 하지 않던 철야기도, 새벽기도를 하러 나가게 되는 것이다.

그렇다면 철야기도와 새벽기도 가운데 어느 것이 더 효과가 있을까? 어떤 이들은 우리 주님께서 새벽 미명에 기도하신다는 성경구절을 들어 새벽기도가 좋다고 하고, 또 어떤 이들은 철야기도가 더 좋다고도 한다. 나는 어느 쪽이 더 영험하고 효과가 있다고 말할 수는 없다고 본다. 다만 얼마나 올바른 기도를 하고, 얼마나 간절히 기도하느냐에 달려 있다고 생각한다. 게다가 각자의 생체 리듬에 따라 새벽기도나 철야기도 중 어느 것이 자신에게 맞는지 아는 것이 중요하다.

새벽기도를 한 번 다녀오면 하루 종일 정신을 못 차리고 헤매는 사람은 새벽기도를 하면 안 된다. 또한 새벽잠이 많은 사람이 새벽기도를 가서 계속 졸다가 오면 무슨 의미가 있겠는가? 철야기도 역시 마찬가지다. 요즘은 철야기도라 해도 예전처럼 꼬박 밤을 새우지는 않고 새벽 1~2시면 끝나는데, 저녁잠이 많은 사람에게는 이것도 쉬운 일이 아니다. 체력이 뒷받침되지 않는데 무조건 시간 때우기로 하는 기도는 아무 의미가 없다.

기도는 건강한 몸과 맑은 정신으로 할 수 있을 때 하는 것이 좋다. 물론 처음부터 잘하는 사람은 없고 자꾸 하다 보면 체질이 그에 맞게 바뀌어 잘하는 경우도 있다. 하지만 새벽기도든 철야기도든 계속할수록 몸만 더 망가지는 사람은 하면 안 된다고 생각한다.

예를 들어 영적인 문제, 정신적인 문제가 있는 사람들에게 무조건 새벽기도나 철야기도를 강요하면 안 된다. 영적·정신적 문제가 있는 사람들은 무조건 잠을 잘 자서 체력을 강하게 하는 것이 무엇보다 중요하다. 별문제가 없는 사람들도 잠이 부족하면 헛것이 보이고 판단력이 흐려지는데, 영적·정신적으로 문제가 있는 사람들의 경우는 더욱 심하게 망가지게 된다. 귀신들은 낮보다 밤에 더욱 활동력이 왕성해지고, 우울증 등 정신적인 문제가 있는 사람들도 밤에 잠을 못 자면 상태가 더 나빠지기 때문이다.

다음으로, 기도의 내용에 대해 생각해보자. 사람들은 대개 세상적인 문제를 가지고 기도한다. 자녀의 대학입시와 취직 문제 및 결혼 문제, 남편의 건강과 진급 문제 및 사업이 주된 기도 내용이다. 우리가 하나님께 모든 것을 아뢰고 기도해야 하는 것은 맞지만, 문제는 기도하는 자세에 있다. 즉, 하나님께 기도를 하고 그 결과가 어떻든 감사하는 마음으로 받아들이겠다는 자세가 필요한데, 대부분의 성도들은 하나님의 뜻을 구하기 전에 무조건 자신이 원하는 것을 이루어달라고 생떼를 쓰듯 기도한다. 하지만 한번 생각해보라. 하나님께 돈이라도 맡겨두었는가? 하나님께서 진급평가 인사담당관이신가? 하나님께서 학력평가자이신가?

한편, 그냥 기도를 해서는 자기 뜻대로 되지 않을 것 같다는 생각이 들면 사람들은 더 강력한 기도 방법을 찾는다. 바로 금식기도다.

"제가 곡기를 끊고 온전히 매달리니 하나님께서 이루어주시지 않으면 저는 죽습니다. 꼭 해주셔야 합니다. 안 들어주시면 절대로 안 됩니다."

이런 게 무슨 기도인가? 이런 기도를 하는 사람은 신앙인이 아니라 강도나 다름없다. 하나님께 기도가 아니라 협박을 하는 것이기 때문이다. 하나님을 하나님으로 대하는 것이 아니라 자기의 뜻대로 움직이게 하려는 것은 몹시 잘못된 자세다.

나는 다니엘의 세 친구의 기도를 아주 좋아한다. 뜨거운 풀무불 속에 던져지게 되었을 때 하나님께서 능히 구해주시리라 믿고 기도드리며, 그렇게 하시지 아니할지라도 우상숭배를 하지 않겠다는 의연한 결의가 얼마나 아름다운가? 우리에게는 오직 하나님을 믿고 따르며 존중하고 존경하는 그런 신앙이 필요하다.

원하는 대로 기도하는 대로 모든 게 이루어질 것 같으면 세상의 모든 신앙인들은 다 재벌회장이 되고 빌 게이츠가 되고 록펠러가 되었을 것이다. 리어카를 끌고 자갈밭을 다니며 장사할

지라도 "나는 오직 주님으로 인하여 기쁘고 감사하다"고 고백할 수 있는 믿음이 우리에게는 필요하다. 기도는 열심히 하되 하나님께서 주시는 그 어떤 것에도 기쁘게 순종하겠다는 고백이 바로 참된 기도인 것이다.

하나님께 세상적인 것을 달라고만 하지 말고 오히려 우리의 마음을 드리고 정성을 드렸으면 좋겠다. 또한 주님의 마음을 닮아 나보다 못한 사람들에게 내 것을 나누어줄 수 있는 믿음을 달라고 기도할 수 있기를 간절히 소망한다.

살아 있는 믿음,
사랑의 마음

살아 있는 믿음이란 무엇일까? 살다 보면 정말 믿음이 좋아 보이는 사람들을 만난다. 이들은 일상생활 속에서도 늘 하나님의 뜻을 이야기하고, 무슨 말을 해도 하나님과 연관시켜서 한다. 그래서 주변에서 "참믿음의 사람이다", "하나님의 사람이다", "믿음이 강한 사람이다", "성경 지식이 참 깊다"는 칭찬의 말을 듣는다.

그런데 문제는 이런 사람들이 의외로 주변 사람들에게 상처를 많이 준다는 것이다. 남의 이야기를 잘 들으려 하지 않고, 주로 자기 말을 하며, 자주 충고하고 권면하며, 툭하면 가르치려고 들기 때문이다.

성도님, 왜?

놀랍게도 목사님들 중에도 이런 사람들이 있다. 좋은 대학과 대학원을 우수한 성적으로 졸업하고, 외국 유학을 다녀와서 영어도 기막히게 잘하는 데다 굉장히 똑똑하고 성경 지식도 많은데 왠지 가까이하기가 편치 않은 사람 말이다.

왜 그럴까? 성경을 많이 알고, 입만 열면 하나님 이야기를 하며, 믿음이 좋고, 핍박을 당하면 순교라도 할 것 같은 사람인데 왜 불편할까?

오늘 그 답을 알았다. 우연히 극동방송 설교를 듣던 중 어느 목사님의 말씀이 귀에 꽂혔다.

"살아 있는 믿음에 예수님의 사랑이 함께해야 합니다."

그 말을 듣는 순간, 온몸에 전율을 느꼈다.

"그래, 이거야!"

이 산을 들어 저쪽으로 옮길 것 같은 믿음도 사랑이 없으면, 지혜의 말씀의 은사가 없으면, 배려하는 마음이 없으면 살아 있는 강한 믿음이 오히려 죽은 믿음이 된다. 권면과 충고가 시끄러운 잔소리가 되고 만다. 많은 지식이 존경의 대상이 아니라 잘난 척이 되고, 놀라운 스펙이 그저 질투의 대상이 되며, 말로 상처를 주기 때문에 오히려 전도의 걸림돌이 되는 것이다.

그래서 우리는 사랑의 마음을 가져야 한다. 말을 해도 상대방의 상황, 심리를 고려해서 가려 해야 한다. 행여 가르치고 충고하려 하지 말고 공감해주어야 한다. 그래야 복음도 전하고 영혼도 구할 수 있다.

사람들이 쉽게 하는 말이 있다.

"사랑하니까 이런 말도 하는 거야."
"안타까워서 그러는 거야."
"너를 위하지 않으면 내가 이런 말을 왜 하겠어?"

그러면서 충고와 설교로 상대방을 더 기분 나쁘게 하고 좌절하게 만드는 것이다.

사랑한다는 것으로
새의 날개를 꺾어
너의 곁에 두려 하지 말고
가슴에 작은 보금자리를 만들어
종일 지친 날개를

쉬고 다시 날아갈

힘을 줄 수 있어야 하리라

서정윤 시인의 '사랑한다는 것으로'의 시구가 참으로 와 닿
는다.

우리가 사랑한다면 하나님을 경외하는 아름다운 믿음을 가지
고 상대방의 입장에서 말하고 배려하며 공감대를 형성해야 한
다. 마땅히 칭찬할 말이나 격려의 말이 생각나지 않으면 차라리
침묵하는 것이 더 낫다는 이야기도 기억해둘 필요가 있다.

우리 모두 그런 기독교인이 되었으면 좋겠다. 지혜로운 기독
교인으로 살자.

맺음말

　영적인 문제를 다룬다는 것은 참으로 조심스러운 일입니다. 특히 이 책은 제가 직접 상담한 분들의 이야기를 소재로 한 만큼 더 조심스럽고 부담스러운 면이 있어서 망설임의 시간이 길 수밖에 없었습니다. 저는 끊임없이 고민하고 기도하며 이 책을 써 내려갔고, 이제 성도님들에게 조금이라도 도움이 된다면 이 책을 세상에 내놓아야 한다는 결론에 도달했습니다.

　이 책을 내면서 독자들에게 당부드릴 말씀이 있습니다. 영적인 문제에는 정답이 없다는 것입니다. 또한 제가 경험을 통해 얻은 것이 모두 맞는다고 할 수도 없습니다. 하지만 1992년 5월 6일 처음 예수님을 만난 이후 제가 경험해온 일을 최대한 성경말씀에 부합해서 기록했다는 점은 분명히 말씀드릴 수 있습니다.

영적인 문제는 성경말씀을 기준으로 풀어야 합니다. 즉, 하나님께 영광이 되는지, 예수님의 이름을 높이는 방향인지 생각해 보면 답이 나옵니다. 저는 이 책을 쓰면서 우리가 세상에서, 신앙생활에서 승리하기 위해서는 기준이 분명해야 한다는 것을 다시 한번 되새겼습니다.

승리의 비법은 단순하고 분명합니다. 그것은 바로 예배드리고, 말씀 읽고, 기도하는 것입니다. 아울러 주님의 심장을 가지고 주변의 모든 이들을 사랑하며 감사하는 마음으로 살아가는 것입니다. 그러면 우리는 영육 간에 승리할 수 있습니다.

저와 이 책을 읽는 우리 모두가 최후의 승리자가 되기를 기도합니다. 주님의 이름으로 사랑합니다.

성도님, 왜?

발행일 2020년 12월 1일 초판 1쇄
2024년 11월 1일 초판 2쇄

지은이 박에녹
발행인 고영래
발행처 (주)미래사

주소 서울시 마포구 토정로 195-1, 3층
전화 (02)773-5680
팩스 (02)773-5685
이메일 miraebooks@daum.net
등록 1995년 6월 17일(제2016-000084호)

ISBN 978-89-7087-136-3(03230)